MINISTÈRE DE LA GUERRE

ÉTAT-MAJOR DE L'ARMÉE

PROJET
DE
RÈGLEMENT GÉNÉRAL D'ÉDUCATION PHYSIQUE

DEUXIÈME PARTIE

ÉDUCATION PHYSIQUE SECONDAIRE
(JEUNES GENS DE 13 À 18 ANS)

APPROUVÉ PAR LE MINISTRE DE L'INSTRUCTION PUBLIQUE ET DES BEAUX-ARTS

PARIS
IMPRIMERIE NATIONALE

1922

PROJET

DE

RÈGLEMENT GÉNÉRAL

D'ÉDUCATION PHYSIQUE

MINISTÈRE DE LA GUERRE

ÉTAT-MAJOR DE L'ARMÉE

PROJET

DE

RÈGLEMENT GÉNÉRAL D'ÉDUCATION PHYSIQUE

DEUXIÈME PARTIE

ÉDUCATION PHYSIQUE SECONDAIRE

(JEUNES GENS DE 13 À 18 ANS)

APPROUVÉ PAR LE MINISTRE DE L'INSTRUCTION PUBLIQUE
ET DES BEAUX-ARTS

PARIS
IMPRIMERIE NATIONALE

1922

1.

PROJET

DE

RÈGLEMENT GÉNÉRAL D'ÉDUCATION PHYSIQUE.

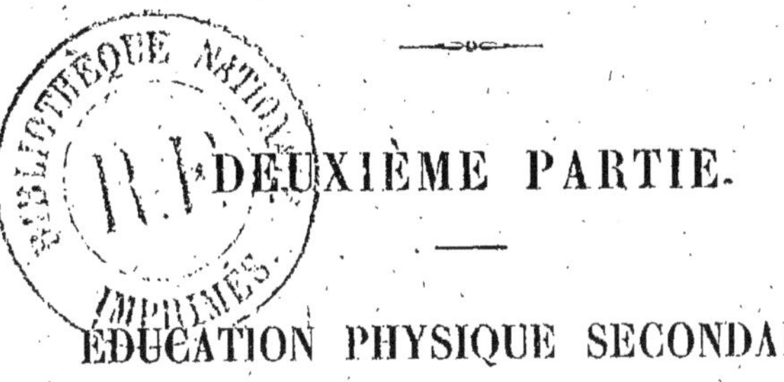

DEUXIÈME PARTIE.

ÉDUCATION PHYSIQUE SECONDAIRE.

(JEUNES GENS DE 13 À 18 ANS.)

EXPOSÉ PHYSIOLOGIQUE.

Cet exposé a pour but d'indiquer succinctement les bases physiologiques de l'éducation physique appliquée aux enfants, pendant et après la période pubertaire, c'est-à-dire de la *treizième à la dix-huitième année.*

On sait que la puberté met, en moyenne, deux ans à s'installer et que ses effets se font encore sentir sur la nutrition pendant trois autres années. De l'éclosion de la puberté à la réalisation de la nubilité, s'écoule donc une période de cinq années, délicate entre toutes, car elle correspond à une transformation organique intense.

A treize et à quatorze ans, les tissus encore inachevés continuent leur formation; ils n'ont pas la fixité de constitution de ceux de l'adulte. Le double mouvement d'assimilation et de désassimilation est extrêmement actif. Les sujets de cet âge sont encore de véritables enfants au point de vue physiologique. Leur résistance est faible et leur force musculaire est inférieure à celle qu'on pourrait leur supposer en ne considérant que leur taille. La fonction respiratoire et la fonction cardiaque sont sujettes à de grandes variations, le nombre des respirations est très instable. La fragilité des organes est grande et le contrôle médical de leur fonctionnement s'impose aux éducateurs.

Il faut noter que les enfants de cet âge (13-14 ans), souvent débilités par la vie confinée, n'ont pas la notion exacte de leur force et des moyens physiques dont ils disposent réellement. Ils se croient généralement plus résistants qu'ils ne le sont en réalité. Les maîtres d'éducation physique tiendront le plus grand compte de la fragilité de l'organisme à cette période de la vie et ne feront exécuter à leurs élèves qu'avec prudence des exercices d'application. Ils suivront une progression régulière qui sera en rapport avec la capacité physiologique de chaque sujet.

Vers *quatorze ou quinze ans*, les effets de la puberté apparaissent. La taille s'accroît rapidement, les membres s'allongent, mais les masses musculaires demeurent encore grêles. Les extrémités des os sont le siège d'une vive congestion qui rend les articulations particulièrement fragiles et sensibles aux traumatismes. De la pesanteur, des douleurs vagues dans les genoux, les épaules et la région lombaire traduisent cette suractivité de la nutrition au niveau des principales articulations. Le fonctionnement du système nerveux est parfois troublé; le sommeil est parfois agité ; de l'irritabilité et du nervosisme apparaissent.

La fatigue survient promptement. L'intoxication de l'organisme par les déchets, à la suite d'un travail physique un peu intense, s'accuse rapidement par de la fièvre. Il semble que l'adolescent soit, pendant cette période, en état de moindre résistance. Tout effort soutenu l'accable.

Lorsqu'un sujet de cet âge cesse tout à coup, sans raison apparente, de se complaire à ses jeux ou à ses exercices préférés, il ne faut pas l'y contraindre trop vivement. Il obéit souvent en agissant ainsi, à un instinct, qui lui fait proportionner sa dépense physique à ses disponibilités organiques.

Le rôle du maître, à cette époque de la vie (14-15 ans), est particulièrement délicat. Ses exigences seront modérées. La collaboration du médecin devra lui être constamment assurée. Il agira sagement en choisissant surtout les exercices et les jeux en rapport avec la force et l'entraînement des élèves. Mais il interviendra chaque fois qu'il jugera utile de limiter la fatigue et d'empêcher une spécialisation prématurée. Les grands jeux, au même titre que les leçons éducatives, seront la base de l'éducation physique, à cet âge de la vie.

Plus tard, de la *seizième année à la dix-huitième année*,

les adolescents ont cessé d'être des enfants. Les os on acquis de la résistance et les muscles se sont soudain développés. Leurs reliefs commencent à se dessiner. La résistance à la fatigue s'accroît. L'adolescent se sent plus vigoureux et recherche instinctivement l'occasion d'employer sa force. Le moment est venu pour l'éducateur de cultiver l'énergie musculaire des élèves et de les orienter peu à peu vers les exercices *de fond et de force.* Mais il ne faut point aborder ceux-ci d'emblée et abandonner l'adolescent à la fougue des premières tentatives, toujours passionnantes.

L'organisme ne présente pas encore une résistance parfaite et il faut se garder de compromettre l'équilibre physiologique des diverses fonctions. Elles doivent se développer parallèlement. Aucune d'elles ne saurait, à cet âge, prendre la prépondérance sans compromettre la santé générale du sujet.

En graduant sagement les exercices, on favorisera le développement régulier du cœur et des poumons et on agira de la manière la plus heureuse sur la coordination nerveuse et l'esprit de décision.

Aux environs de la dix-huitième année, on tendra, dès cette époque, vers la réalisation du type complet : type de force, de fond et de vitesse, qui ne sera d'ailleurs atteint que plus tard. Entre la seizième et la dix-huitième année, les exercices éducatifs produisent encore des effets correctifs efficaces pour combattre les déformations héréditaires ou celles causées par la sédentarité scolaire. En effet, le squelette incomplètement ossifié, est relativement malléable, les muscles n'ont pas acquis tout leur développement.

Le danger des exagérations, en éducation physique, *à cette période de la vie*, est grand. Il faut surtout se garder de surmener le cœur, soit par des efforts courts mais trop violents, soit par un travail musculaire intense et prolongé. Les dilatations aiguës du cœur ne sont pas rares chez les adolescents surmenés. Elles produisent des troubles graves dans la constitution générale et entravent la croissance. Les exercices devront tendre à un développement harmonieux de tous les organes. Le médecin appuiera et guidera, chaque fois que cela sera nécessaire, l'action de l'instructeur.

La santé et la résistance organique sont les buts principaux que visera le maître d'éducation physique entre la treizième et la dix-huitième année. La pratique des exercices devra toujours être attrayante, afin d'être un dérivatif heureux et le correctif nécessaire au *dur labeur intellectuel et physique imposé aux adolescents.* Les séances d'éducation physique ne seront pas l'apanage exclusif des mauvais élèves dans les écoles ou les lycées. Elle doit réunir sans exception les adolescents de toutes conditions.

y compris les jeunes ouvriers, au sortir de l'atelier, dans une commune aspiration vers le perfectionnement physiologique. Elle sera peut-être la sauvegarde la plus efficace contre les tentations de toute sorte qui assaillent le jeune homme désœuvré et, à ce point de vue, son rôle moralisateur pourra être immense.

Pour couronner l'éducation physique secondaire et en sanctionner la pratique, un examen d'éducation physique sera subi par les adolescents. Il témoignera que les sujets qui auront passé les épreuves avec succès ont atteint un développement normal dans toutes les parties de leur organisme et qu'ils sont aptes à aborder sans danger les pratiques de l'éducation sportive et athlétique.

CHAPITRE I.

But, principes et organisation de l'éducation physique secondaire.

I. **But.** — *a*) Assurer la santé par le développement normal des fonctions organiques. S'attacher particulièrement à la fonction respiratoire.

b) Poursuivre le développement normal des systèmes nerveux et musculaire en harmonie avec les autres fonctions afin d'augmenter l'énergie vitale de l'individu.

c) Apprendre à utiliser économiquement cette énergie dans toutes les circonstances de la vie.

d) Donner le goût et l'habitude de l'effort et de la vie au grand air.

II. **Principes.** — L'éducation physique secondaire repose naturellement sur les mêmes principes généraux que l'éducation physique élémentaire :

1° Détermination de groupes aussi homogènes que possible ;

2° Classification des exercices et jeux convenant à chaque groupe ;

3° Attrait des exercices ;

4° Contrôle périodique.

III. **1er Principe.** — *Détermination de groupes homogènes.*

La détermination des groupes homogènes sera faite en collaboration par le médecin et l'instructeur.

On envisagera deux degrés :

a) 1er degré, de 13 à 16 ans;

b) 2e degré, de 16 à 18 ans.

Ces chiffres ne sont que de simples indications.

Le médecin, après la visite médicale du début de l'année scolaire, décidera si l'élève peut être considéré comme normal et susceptible de suivre le degré correspondant à son âge.

L'instructeur déterminera la valeur physique de l'élève en lui faisant subir des épreuves pratiques individuelles.

Le médecin peut classer d'office, dans un degré inférieur, tout élève qu'il juge retardataire ou devant être ménagé pendant un temps donné.

IV. **Épreuves physiques.** — Les épreuves physiques sont au nombre de sept ou huit variant avec le degré. Chaque épreuve est éliminatoire strictement individuelle et sans compétition. Pour chaque épreuve est établie une performance limite inférieure, différente avec le degré. L'élève doit dépasser toutes les performances limites sous peine de rester dans le groupe de degré inférieur.

V. **Certificat élémentaire d'éducation physique.** — Le certificat élémentaire d'éducation physique se passe vers l'âge de 13 ans et comprend sept épreuves :

1° Course de 50 mètres ;

2° Saut en hauteur avec élan ;

3° Saut en longueur avec élan ;

4° Transport de poids sur la tête ;

5° Grimper aux cordes jumelles ;

6° Lancer de balles sur une cible verticale de 1 mètre carré ;

7° Exercice d'équilibre sur la poutre.

VI. **Obtention du certificat.** — Ne sont admis dans le cycle secondaire (1er degré) que les élèves ayant réussi :

1° A effectuer individuellement une course de 50 mètres, en 9 secondes ou moins ;

2° A sauter en hauteur avec élan, 0 m. 90 (3 essais) ;

3° A sauter en longueur avec élan, 3 m. 25 ou plus (3 essais) ;

4° A porter un poids de 5 kilos (poids usuel à base exagonale) en équilibre sur la tête nue, en suivant une ligne droite de 10 mètres, à faire demi tour et à revenir au point de départ, toutes ces opérations étant exécutées sans toucher le poids et sans le laisser tomber [1] ;

5° A grimper aux cordes jumelles avec l'aide des pieds [2] et à descendre sans l'aide des pieds, 4 mètres ;

6° A atteindre la cible en lançant de la main gauche 6 balles au maximum [3] et à exécuter le même exercice de la main droite, à 10 mètres de la cible ;

7° A se tenir en équilibre sur une poutre placée à 1 mètre du sol, d'abord sur la jambe gauche, puis sur la jambe droite, chacun des exercices durant cinq secondes.

VII. **Certificat secondaire d'éducation physique (1er degré).** — Le certificat secondaire d'éducation physique (1er degré) se passe vers l'âge de 16 ans et comprend huit épreuves ; chaque épreuve est éliminatoire, strictement individuelle et sans compétition :

1° Course de 60 mètres ;

2° Course de 800 mètres ;

3° Saut en hauteur avec élan ;

4° Saut en longueur avec élan ;

5° Lever à deux mains d'une barre à sphères ;

6° Grimper à la barre et à la corde ;

7° Exercice de lancement ;

8° Exercice d'assouplissement.

VIII. **Obtention du certificat.** — Ne sont admis dans le cycle secondaire (2e degré) que les élèves ayant réussi :

1° A effectuer individuellement une course de 60 mètres, en 9 secondes ou moins ;

2° A effectuer individuellement une course de 800 mètres, en 3 m. 30 secondes ou moins.

3° A sauter en hauteur avec élan, 1 m. 10 (3 essais) ;

4° A sauter en longueur avec élan, 4 mètres ou plus (3 essais) ;

5° A lever une fois au-dessus de la tête et à maintenir bras tendus pendant 3 secondes, une barre de 30 kilos ;

---

(1) L'usage du mouchoir pour adoucir le contact du poids avec la tête est seul autorisé.

(2) La hauteur est calculée à partir de la ligne des épaules.

(3) La balle est en étoupe, recouverte de cuir.

6° A faire un rétablissement à la barre[1] et à grimper ensuite 3 mètres de corde lisse sans l'aide des pieds, départ assis;

7° A lancer le boulet de 5 kilos à six mètres ou plus[2] du bras gauche, puis du bras droit, en restant à l'intérieur d'un cercle de 2 m. 13 de diamètre avec butoir;

8° Un exercice d'assouplissement combiné pris dans le tableau des éléments de la mise en train (chapitre III).

IX. **Nota.** — Les épreuves des certificats primaire et secondaire d'éducation physique seront effectuées obligatoirement en deux jours; les épreuves impaires le premier jour, les épreuves paires le deuxième.

X. **Fiche.** — La fiche individuelle qui a été établie pour chaque enfant le suivra pendant son passage au cycle secondaire et mentionnera l'obtention des certificats.

XI. **2e Principe.** — *Classification des exercices et jeux convenant à chaque groupe.* — L'éducation physique secondaire, correspondant aux groupes homogènes des 1er et 2e degrés, comprend pour chacun d'eux :

a) 1er degré, de 13 à 16 ans :

Évolutions, mouvements combinés et dissymétriques, exercices éducatifs, applications simples, petits jeux collectifs, exercices respiratoires, grands jeux, natation, éducation sensorielle.

b) 2e degré, 16 à 18 ans :

Évolutions, mouvements combinés et dissymétriques, applications simples, initiation sportive, petits jeux collectifs, exercices respiratoires, grands jeux, natation, éducation sensorielle.

XII. **3e Principe.** — *Attrait des exercices.* — L'instructeur aura soin de rendre l'éducation physique du cycle secondaire particulièrement attrayante. Il y parviendra par l'introduction de jeux au moment opportun dans le courant de la leçon; par le choix judicieux des exercices qu'il variera fréquemment et surtout par l'émulation et l'entrain qu'il développera judicieusement dans sa classe.

---

(1) L'élève choisira parmi les rétablissements : sur une jambe, par renversement, sur les avants-bras, alternatif, sur les poignets.

(2) Du centre du cercle de lancement sera tracé sur le sol un arc de cercle de 2 m. 13 de diamètre. L'élève aura trois essais de chaque bras pour atteindre ou dépasser cette ligne.

XIII. 3° Principe. — *Contrôle périodique.* — L'éducation physique secondaire sera contrôlée comme celle du cycle élémentaire deux fois dans l'année : avant les vacances de Pâques et avant les grandes vacances.

Le médecin, à la suite de la visite, dont les résultats seront consignés sur les fiches individuelles, donnera des indications sur l'état général des élèves, des [illegible] à donner au travail pendant l'année scolaire suivante. Il fixera le niveau de l'examen de fin d'année qu'il fera subir à ses élèves.

Cet examen, [illegible], sera, d'après le degré [illegible] des certificats détaillés aux paragraphes V, VI, [illegible] et VIII.

XIV. Certificat secondaire d'éducation physique (2e degré). — A la fin du cycle secondaire, vers l'âge de 17 ou 18 ans, il sera passé, après une visite médicale, un examen comportant le certificat secondaire d'éducation physique (2e degré) et autorisant l'admission dans le cours *supérieur ou athlétique.*

CHAPITRE II.

PROGRAMME ET OBSERVATIONS RELATIVES À L'ENSEIGNEMENT.

XV. Programme. — L'éducation physique [illegible] être donnée, soit par leçons complètes, soit par [illegible] détachées, soit par séances de [illegible].

Les leçons ou séances comprendront toujours [illegible].

XVI. Observations générales. — [illegible]

[illegible] — [illegible]

[illegible]

XVII. **Mise en train.** — La mise en train se compose d'exercices assez doux, d'énergie croissante ; évolutions, assouplissements des bras, des jambes et du tronc, simples d'abord, combinés ou dissymétriques ensuite, et assouplissements de la cage thoracique.

Pendant cette première partie du travail, on veillera spécialement s'il y a lieu, à corriger les mauvaises attitudes.

XVIII. **Leçon proprement dite.** — La leçon proprement dite comprend une suite d'exercices préparant aux sept familles d'applications, ayant une utilité pratique dans la vie normale :

1° Marcher ;

2° Grimper, escalader, équilibre ;

3° Courir ;

4° Lever, porter ;

5° Sauter ;

6° Lancer ;

7° Attaquer, se défendre.

La leçon ainsi composée active toutes les grandes fonctions et intéresse toutes les parties du corps.

XIX. **Retour au calme.** — Le retour au calme se compose d'exercices d'énergie décroissante : évolutions, marche lente avec exercices respiratoires, marche avec chant ou sifflet servant de contrôle. Il se prolonge jusqu'à ce que le calme soit rétabli dans l'organisme.

XX. **Qualités de la leçon complète.** — La leçon complète, qui commence toujours par la mise en train et se termine par le retour au calme, doit être *continue*, *alternée*, *graduée*, *attrayante* et *disciplinée*.

La leçon est *continue*, quand elle n'est coupée par aucun autre repos que le changement d'exercices ou les exercices respiratoires destinés à combattre l'essoufflement exagéré.

La leçon est *alternée* quand elle présente une succession d'exercices, intéressant alternativement le train supérieur et le train inférieur.

La leçon est *graduée* en intensité quand l'énergie des exercices va, dès la mise en train, en croissant jusqu'aux deux tiers de la leçon et en décroissant jusqu'au retour au calme.

Elle est graduée en difficulté, quand, dans le cours de l'instruction, elle comprend des exercices de plus en plus difficiles.

La leçon est *attrayante*, quand les exercices dans chaque famille d'applications sont fréquemment variés et quand les jeux introduits pendant la leçon en temps opportun, pour réveiller l'intérêt des élèves, sont réellement joués et non traités comme un exercice.

La leçon est *disciplinée* quand elle est dirigée avec fermeté et avec ordre.

XXI. Séance d'étude. — La séance d'étude est une leçon partielle ayant pour but d'apprendre sans hâte des éléments nouveaux ou de rectifier certains exercices mal exécutés par les élèves.

Les séances d'étude ont leur place naturelle au début de l'instruction et ne cessent qu'après la connaissance suffisante d'éléments permettant l'exécution convenable de leçons complètes. Elles doivent être reprises chaque fois qu'elles sont jugées nécessaires, car la perfection du mouvement est plus utile que sa répétition mal exécutée.

Elles doivent posséder le plus possible les qualités énoncées à l'article XX.

XXII. Séance de jeux. — Des séances composées uniquement de grands jeux remplacent une ou deux fois par semaine les leçons complètes et les séances d'étude.

En même temps qu'elles sont un excellent moyen de récompense, ces séances développent l'initiative, l'émulation et, par les jeux d'équipe, la solidarité et la discipline.

Elles sont limitées à une durée de 45 minutes, précédées par une mise en train et terminées par un retour au calme, comme toutes les autres séances d'éducation physique.

Les grands jeux, où l'effort individuel est plus libre que dans les petits jeux de leçon, seront surveillés attentivement par l'instructeur, qui aura soin de les modérer ou de les interrompre quand il le jugera à propos.

L'étude des jeux sportifs, comme le foot-ball, fait seulement partie de l'éducation physique secondaire 2e degré. Les compétitions ne devront jamais avoir une durée égale à celle fixée par les règlements sportifs, le développement physique des jeunes gens ne permettant pas, sans danger, un effort soutenu aussi intense. Elles seront surveillées attentivement par les instructeurs.

XXIII. Natation et éducation sensorielle (1). — La natation et l'éducation sensorielle font également l'objet de séances spéciales.

---

(1) Ouïe. Vue. Toucher. — *Ouïe* : 1° Aller dans la campagne, faire écouter les bruits lointains et en faire donner l'interprétation. 2° Jeux d'écoute.

Vue : 1° Aller dans la campagne, faire regarder et décrire les objets naturels lointains. 2° Jeux de vue.

Toucher : Jeux de toucher avec interprétation, sans l'aide de la vue ni de l'ouïe.

Les leçons de natation sont du même type que celles d'éducation physique proprement dite.

L'éducation sensorielle est pratiquée soit au cours d'une promenade soit au cours d'un déplacement nécessaire pour gagner le terrain de jeux par exemple, soit même en classe pour les scolaires.

XXIV. Composition de la leçon complète. — La leçon comme il a été vu, comporte trois parties :

1° La mise en train ;

2° La leçon proprement dite ;

3° Le retour au calme.

Chacune de ces parties comprend un certain nombre d'exercices classés dans les tableaux des chapitres suivants par ordre de difficulté croissante.

1. Pour composer la mise en train, l'instructeur choisit dans le tableau d'éléments, chapitre III, des exercices de marche de plus en plus intenses, variés et progressifs, puis un assouplissement dans chacune des catégories, bras, jambes, tronc, dissymétriques et termine par un assouplissement de la cage thoracique.

Au début, il choisira des exercices simples et faciles. Ces mouvements prépareront aux assouplissements combinés, sur lesquels il insistera particulièrement quand l'instruction sera plus développée.

2. Pour composer la leçon proprement dite, l'instructeur commence par mettre les sept familles d'applications dans l'ordre indiqué par l'article XVIII. Puis, en tenant compte de leur difficulté, il choisit dans les tableaux d'éléments, d'après le régime [1] correspondant à chaque degré, un ou

---

[1] *Régime de la leçon.* On appelle régime de la leçon la proportion de mouvements éducatifs, de jeux ou d'applications que doit comprendre chaque famille d'exercices fondamentaux au cours de la leçon complète. La conduite d'une leçon est surtout une question de pratique pédagogique de la part de l'éducateur. La meilleure manière de se rendre compte de l'intensité d'un exercice est de l'exécuter soi-même. En outre, l'observation attentive des élèves, l'apparition normale d'un léger essoufflement ou la sueur, donnent également de précieuses indications.

Avant la leçon, faire moucher, uriner, etc. Examiner la propreté du corps et faire laver la peau, s'il y a lieu, pour faciliter sa fonction, au cours de la leçon.

Mise en train. — Sera vive par temps froid ou humide, lente par temps chaud ou normal.

Leçon proprement dite. — Consacrer les premières séances à l'étude es exercices et jeux choisis pour composer la première leçon complète. Dans la leçon complète, conduire les exercices et jeux de façon à ne pas prolonger les uns aux dépens des autres. En principe, cesser un exercice ou jeu dès qu'il a produit l'effet voulu. Exiger peu à peu le silence et l'ordre dans les exercices. Au contraire, laisser une *détente complète dans les jeux* (rire, crier, etc.). *Veiller particulièrement au développement respiratoire nasal.*

deux exercices éducatifs ou une application pour chaque famille. Il prend enfin deux jeux, un dans chaque série, qu'il se réserve d'introduire dans le courant de la leçon, soit comme récompense, soit comme dérivatif.

3. Pour composer le retour au calme, l'instructeur choisit deux ou trois exercices de marche, dont la marche lente avec exercices respiratoires et termine par une marche avec chant ou sifflet.

XXV. **Composition d'une séance d'études.** — Pour composer une séance d'étude, l'instructeur se reportera à l'article XXIV pour la mise en train et le retour au calme.

La leçon proprement dite pourra ne pas comporter des exercices intéressant les sept familles d'applications.

Mais, en considérant que la marche, la course et le saut intéressent spécialement le train inférieur, que le grimper, le lever et le lancer intéressent spécialement le train supérieur et que l'attaque et la défense intéressent les deux régions, l'instructeur aura soin de combiner sa leçon de façon qu'elle comprenne une série d'exercices intéressant le train supérieur et le train inférieur.

XXVI. **Composition d'une séance de jeux.** — Pour composer une séance de jeux, l'instructeur se reportera à l'article XXIV pour la mise en train et le retour au calme.

Il choisira un ou deux jeux dans le tableau des jeux en consultant le goût des élèves, car ces séances ayant un but attrayant en même temps qu'un but hygiénique, il est préférable *de laisser aux exécutants l'initiative du* choix.

XXVII. **Conduite de la leçon.**

1° *Mise en train.* — La mise en train est plus ou moins vive, suivant la durée de la leçon et l'état de l'atmosphère. Les assouplissements sont exécutés, après la démonstration de l'instructeur, à son commandement.

L'instructeur indique un rythme plus ou moins lent, suivant l'importance des masses musculaires à mouvoir.

Chaque élève s'exerce individuellement, sans rechercher l'ensemble, mais en s'efforçant d'atteindre la cadence indiquée.

Les assouplissements sont exécutés d'une façon continue, avec toute l'amplitude possible et dans tous les plans.

L'instructeur corrige les mauvaises attitudes, veille au redressement des courbures exagérées de la colonne vertébrale, à la fixation des épaules en arrière et au jeu de la cage thoracique.

Dans le cours de l'instruction, il fera exécuter à chaque leçon, pour l'éducation du système nerveux, quelques mouvements d'ensemble.

2° *Leçon proprement dite.* — L'instructeur, suivant le programme de leçon qu'il s'est tracé, a soin de ne pas prolonger certains exercices aux dépens d'autres et exige que les jeux cessent aussitôt qu'il en a donné le signal.

Les exercices éducatifs et les applications sont exécutés individuellement ou collectivement.

L'instructeur veille aux attitudes et à la correction des mouvements, fait rythmer la respiration sur les exercices et exécuter des exercices respiratoires, chaque fois que le besoin s'en fait sentir, surtout après le saut, le lever et la course qui peuvent provoquer un essoufflement exagéré.

L'inspiration et l'expiration se font de préférence par le nez.

3° *Retour au calme.* — L'instructeur prolonge la marche lente avec exercices respiratoires jusqu'à ce qu'il estime le calme rétabli dans la respiration et la circulation. Il interrompra momentanément la marche avec chant ou sifflet, qui est une marche de contrôle, s'il constate la persistance de l'essoufflement et reprendra les exercices respiratoires.

XXVIII. **Hygiène corporelle.** — Toutes les fois que ce sera possible, le retour au calme sera suivi d'une ablution d'eau froide ou tiède suivant la saison, d'un séchage de la peau et de frictions.

XXIX. **Rôle de l'instructeur.** — *Commandements.* — L'instructeur exécute lui-même l'exercice, le commande et le rectifie, s'il y a lieu.

Il se place de façon à voir tous ses élèves et à être vu d'eux.

Pour l'exécution des mouvements :

L'instructeur obtient l'attention des élèves par le commandement : Attention. Il exige aussitôt l'immobilité. A l'imitation, il énonce le mouvement, dit : « Faites comme moi » et exécute.

A commandement, il indique et montre l'exercice à faire et commande au besoin : En position, puis, Commencez.

Les élèves s'exercent jusqu'au commandement : Cessez.

Pour les mouvements d'ensemble, les commandements sont : Attention... Ensemble, commencez... Cessez. L'instructeur donne alors la cadence à haute voix.

Il évite de compter sans cesse, à moins qu'il ne s'agisse spécialement d'exercices rythmés. Il fait varier le rythme. Le commandement : Cessez comporte le retour à la position de départ.

Dans les déplacements, les élèves marchent librement, mais chacun à sa place dans le groupe. Le sifflet peut remplacer les commandements quand les élèves sont bien exercés.

Pour les jeux, l'instructeur indique le jeu en disant : «Nous allons jouer à tel jeu», COMMENCEZ... CESSEZ...

L'instructeur doit, en tenant compte du programme général, composer ses leçons d'avance, les préparer matériellement suivant les circonstances et penser aux formations qu'il fera prendre de façon que ses leçons se déroulent avec ordre et avec fruit et sans perte de temps nuisible.

L'instructeur s'imposera à ses élèves par sa tenue, par son entrain et par ses capacités.

Son rôle est capital, car de sa valeur pédagogique dépend la valeur de toute sa classe.

CHAPITRE III.

TABLEAU DES ÉLÉMENTS. EXEMPLES DE LEÇONS DU CYCLE SECONDAIRE.

Durée de la leçon : 30 à 45 minutes.

1er degré : 13 à 16 ans.

2e degré : 16 à 18 ans.

XXX. **But.** — Au cours du 1er degré, obtenir le perfectionnement du système nerveux en même temps que le développement musculaire ; au cours du 2e degré, obtenir l'économie dans les applications :

1er degré : 13 à 16 ans.

XXXI. **Programme.** — *Leçons :* assouplissements simples, puis combinés :

Exercices dissymétriques ;
Exercices éducatifs ;
Applications simples ;
Petits jeux collectifs ;
Exercices respiratoires ;
Grands jeux, natation, éducation sensorielle.
1 ou 2 séances de grands jeux par semaine.

XXXII. **Régime de la leçon.** — En principe, un exercice éducatif ou une application par famille dans la proportion de 3 exercices éducatifs pour 4 applications et deux petits jeux collectifs dans le courant de la leçon.

2e degré : 16 à 18 ans.

XXXIII. **Programme.** — *Leçons* : assouplissements combinés :

Exercices dissymétriques ;

Applications ;

Étude des sports ;

Petits jeux collectifs ;

Exercices respiratoires ;

Grands jeux, étude des jeux sportifs, natation, éducation sensorielle ;

2 séances de grands jeux ou d'étude de jeux sportifs par semaine.

XXXIV. **Régime de la leçon.** — En principe, une application par famille et 2 petits jeux collectifs dans le courant de la leçon.

XXXV. **Retardataires.** — Les élèves déclarés retardataires à la suite de l'examen médical, ainsi que ceux déclarés insuffisants à la suite de l'examen pratique, suivront le degré inférieur à leur âge.

TABLEAU DES ÉLÉMENTS.

MISE EN TRAIN.

XXXVI. **Marches.**

1° Des gymnastes (en se séparant à droite et à gauche) ;

2° Marche sur la pointe des pieds ;

3° Marche allongée avec grand balancement des bras ;

4° Marche au pas de chasseurs (extension) ;

5° Marches en avant, en arrière, de côté, oblique ;

6° Marche avec circumduction des épaules ;

7° Marche en flexion du tronc ;

8° Marche normale (à cadences différentes) ;

9° Marche avec battement ;

10° Marche avec changement de pas ;

11° Evolutions.

XXXVII. **Bras.** — *Assouplissements.*

1° Flexion des avant-bras (dans les différents plans);

2° Élévation horizontale des bras tendus (différents plans).

Le même avec flexion et extension de la main.

3° Elévation verticale des bras tendus (différents plans).

Le même avec flexion et extension de la main.

4° Élévation avant des bras tendus (différents plans) et écartement arrière.

Le même avec flexion et extension de la main.

5° Elévation latérale des bras et flexion des avant-bras dans un plan horizontal;

6° Le même avec flexion des avant-bras dans un plan vertical;

7° Circumduction des bras d'avant en arrière, d'arrière en avant (cercles de diamètres différents);

8° Exécuter 2, 3 et 4 en décrivant de petits cercles de même diamètre;

9° Circumduction des bras devant le corps, bras parallèles.

Le même, bras tendus, croisés.

10° Circumduction des bras fléchis, mains passant devant le corps, puis à toutes les hauteurs.

11° Exercices d'opposition deux à deux par les bras.

Note. — Ces assouplissements pourront être exécutés avec massues ou haltères légers : 1 ou 2 kilos pour le 1er degré, 2 ou 3 kilos pour le 2e degré.

XXXVIII. **Jambes.**

1° Élévation avant du genou avec flexion et extension du pied puis extension de la jambe en arrière;

2° Élévation arrière et flexion de la jambe

3° Élévation du genou et extension de la jambe (dans les différents plans),

4° Élévation avant et écartement latéral du genou avec extension et flexion du pied;

5° Elévation de la jambe tendue (dans les différents plans);

6° Circumduction de la jambe;

7° Station écartée, flexion alternative des jambes;

8° Elévation sur la pointe des pieds, flexion et extension des jambes, genoux écartés;

9° Le même avec genoux joints;

10° Flexion des jambes, extension latérale de la jambe.

XXXIX. **Tronc.**

1° Sur le dos : élévation d'une jambe avec flexion et extension du pied ;

2° Sur le dos : élévation des genoux, extension des jambes, avec flexion et extension du pied ;

3° Sur le dos : élévation alternative des jambes avec flexion et extension du pied ;

4° Élévation des jambes, écartement et cercle de droite à gauche et de gauche à droite ;

5° Soulever les jambes étendues en avant, les porter réunies à droite, à gauche, les ramener en avant et les poser à terre ;

6° Assis jambes écartées : *a*) rotation ; *b*) flexion et extension du tronc ;

7° Flexion et extension du tronc : en avant, en arrière ;

8° Flexion et extension latérale du tronc ;

9° Circumduction du tronc ;

10° Circumduction du tronc, fente demi-fléchie (dans les différents plans).

XL. **Mouvements combinés.**

1° Les mouvements de bras en marchant ;

2° Les mouvements de bras avec flexion des membres inférieurs ;

3° Les mouvements de bras avec élévation du genou ;

4° Les mouvements de bras avec élévation de la jambe ;

5° Les mouvements de bras avec fente fléchie ;

6° Les mouvements de bras avec flexion et extension du tronc ;

7° Les mouvements de bras avec rotation du tronc ;

8° Les mouvements de bras avec circumduction du tronc.

XLI. **Dissymétrie.**

1° Simultanément : élévation horizontale d'un bras, latérale de l'autre ;

2° Simultanément : élévation latérale d'un bras, verticale de l'autre ;

3° Circumduction des bras en sens opposé ;

4° Mouvements de bras avec un temps de retard,

5° Exécuter 1, 2, 3, 4, en marchant ;

6° Exécuter 1, 2, 3, 4, avec flexion des jambes ;

7° Exécuter 1, 2, 3, 4, avec élévation du genou ;

8° Exécuter 1, 2, 3, 4, avec élévation de la jambe.

XLII. **Respiration.**

1° Avec circumduction des épaules ;
2° Avec élévation des bras fléchis ;
3° Avec élévation des bras tendus ;
4° Avec flexion et extension du tronc.

XLIII. **Leçon proprement dite.**

1° Marche.

A) *Exercices éducatifs.*

Marche sur la pointe des pieds.
Marche en avant, en arrière, de côté, oblique.
Marche avec circumduction des épaules.
Marche avec élévation du genou.
Marche sur les talons.
Marche allongée, tronc incliné dans le prolongement de la jambe arrière avec balancement des bras.
Marche allongée, tronc fléchi avec balancement des bras.
Marche en extension.

B) *Applications.*

Marche allongée rapide.
Marche en flexion du tronc.
Marche à quatre pattes.
Marche avec flexion des jambes.
Marche en descendant.
Marche en terrain varié.

2° Grimper. — Escalader. — Équilibre.

A) *Exercices éducatifs.*

Suspension.

Suspension inclinée, traction des bras.
Suspension inclinée, élever le genou fléchi, étendre la jambe.
Suspension inclinée, élever la jambe tendue.
Mêmes mouvements avec traction des bras.
Sauter à la suspension allongée à 1 ou 2 barres.
Sauter à terre, exécuter le mouvement plusieurs fois.
Suspension allongée à 1 ou 2 barres, élévation du genou fléchi.
Suspension allongée à 1 ou 2 barres, élévation de la jambe tendue.
Suspension allongée à 1 ou 2 barres, élévation des genoux fléchis.

Suspension allongée à 1 ou 2 barres, élévation des jambes tendues.

Suspension allongée à 1 ou 2 barres, élévation latérale des jambes.

Suspension allongée à 1 ou 2 barres, élévation des genoux, extension des jambes.

Mêmes mouvements avec traction des bras.

Suspension allongée, circumduction des jambes tendues.

Suspension allongée, élévation et écartement des jambes tendues.

Mêmes mouvements avec traction des bras.

Appui :

Appui sur une barre.

Appui sur une barre, flexion et extension des bras.

Appui avant sur le sol, flexion et extension des bras.

Appui sur deux barres, se mettre à cheval.

Appui sur deux barres, progression en se mettant à cheval.

Appui sur deux barres; progression avant, arrière, en déplaçant alternativement, simultanément les mains.

Appui sur deux barres, flexion et extension des bras.

Les barres étant dans le même plan vertical, passer entre les barres en s'aidant des deux barres.

Même mouvement en s'aidant de la barre supérieure seulement.

Les barres étant dans le même plan vertical, franchir la barre supérieure en s'aidant des deux barres.

Etant à l'appui tendu, franchir la barre en posant le pied sur la barre.

Etant à l'appui tendu, franchir la barre en passant à droite, à gauche, entre les bras, à l'écart (1).

B) *Applications*

Etant en suspension allongée, translation latérale, bras tendus, avec balancement.

Même mouvement, bras fléchis.

Etant en suspension allongée à deux barres, progression en avant, en arrière, avec balancement.

Même mouvement bras fléchis.

Grimper aux échelles obliques, droites, avec et sans les pieds.

Descendre sans les pieds.

Grimper à une ou deux perches avec les mains et les pieds.

---

(1) La série des exercices éducatifs ci-dessus peut être pratiquée en utilisant les agrès : barre fixe, barres parallèles, cheval d'arçons, etc.

Grimper à une ou deux cordes avec les mains et les pieds.

Descendre sans les pieds.

Se rétablir à la barre : sur une jambe, par renversement sur les avant-bras et alternativement.

Grimper à une ou deux cordes, sans les pieds.

Grimper à la corde inclinée, bras et jambes.

Grimper au mât.

Grimper à la corde inclinée.

Grimper au mur et sans aide.

Escalade du mur à l'aide d'une corde.

Escalade du mur à l'aide d'une perche.

Escalade de barrière, palanque, mur, avec et sans aide.

3° Course.

A. *Exercices éducatifs.*

Sautillements d'une jambe sur l'autre, avant, arrière.

Balancement avant, arrière, oblique, latéral de la jambe.

Sautillements d'une jambe sur l'autre avec élévation du genou.

Le même avec balancement normal des bras dans la course.

Élévation rapide du genou près de l'épaule et extension complète de la jambe en avant.

Évolutions en courant, en avant, en arrière, latéralement avec élévation des genoux.

Courir, s'arrêter, repartir dans une direction quelconque,

Étude de la foulée en marchant.

Étude de la foulée en courant.

Étude de la foulée avec deux ou trois bonds.

Étude du départ de course.

Étude de l'arrêt de course.

Passage du témoin (course de relais).

B. *Applications.*

Courses de 50 mètres, 60 mètres, 100 mètres, 200 mètres.

Course en foulée.

Course par bonds.

Course avec crochets.

Course en flexion du tronc.

Course en montant, en descendant.

Course en terrain varié.

Course relais en terrain varié.

Course avec fardeau.

4° Lever. — Porter.

A. *Exercices éducatifs.*

Geste de l'épaulé, du jeté (à 1 main, à 2 mains)[1].
Geste de l'arraché[1].
Geste de l'épaulé et développé[1].
Geste de la volée simple ou piquée (à 1 main)[1].
Geste du dévissé[1].
Passe-passe avec ballon (compétition) de côté.
Passe-passe en colonne, entre les jambes, par dessus la tête, de côté.
Passe-passe sur une échelle.
Porter sur les épaules un camarade en appui tendu.
Porter sur les bras élevés latéralement un camarade en appui tendu.
Porter sur les avant-bras placés horizontalement un camarade en appui tendu.
Soulever un camarade raidi, couché à terre en le prenant sous les bras.
Placer debout un camarade raidi, couché à terre en le prenant sous les bras.
Soulever un camarade raidi, couché à terre, en le prenant sous la nuque.

B. *Applications.*

Lever de pierres, de poids, d'haltères, à 2 mains, à 1 main, sans dépasser le poids prévu pour l'obtention du certificat secondaire (1er et 2e degrés).
Charger un sac sur les bras, sous un bras, sur l'épaule, sur la nuque, sur la tête.
Porter un camarade à cheval sur le dos, sur les épaules.
Soulever un camarade en plaçant la tête entre ses jambes.
Porter un camarade sur les bras, sous un bras, sur l'épaule, sur la nuque.
Porter un camarade à deux (différentes manières).
Mêmes exercices de passe-passe que précédemment avec objets lourds.

5° Saut.

A. *Exercices éducatifs.*

Sautillements sur place, jambes tendues.
Sautillements sur place avec écartement latéral, avant, arrière des jambes.
Mêmes mouvements avec balancements coordonnés des bras.

---

(1) Ces gestes n'étant que des mouvements à vide, sont un reflet incomplet de l'acte réel; il y a lieu de ne pas en abuser.

Sautillements sur place avec croisement des jambes.

Sautillements en avant et en arrière.

Sautillements latéraux.

Sautillements successifs avec extension du tronc et élévation verticale des bras.

Sautillements avec une jambe en avant puis l'autre en arrière.

Balancement des bras avec flexion coordonnée des jambes.

Mêmes mouvements et impulsions avec circumduction des bras.

Sauts sur place avec élévation des genoux.

Sauts avec élévation alternative des jambes tendues.

Élévation sur la pointe des pieds, flexion des jambes avec élévation des bras (chute).

Saut sur place et chute à droite et à gauche, en arrière.

Saut en longueur, en hauteur, avec 1, 2 ou 3 pas d'élan.

Saut en longueur, en hauteur, avec élan (pied d'appel imposé).

Sauts successifs, en longueur, en hauteur.

Sauts successifs sur un pied et en changeant de pied.

B. *Applications.*

Saut en hauteur avec élan, de face, de côté.

Saut en hauteur sans élan, de face, de côté.

Saut en longueur avec élan.

Saut en longueur sans élan.

Saut combiné (longueur, hauteur).

Saut en profondeur du haut d'un mur.

Saut en profondeur étant en suspension (mur, corde inclinée).

Saut combiné (longueur, profondeur).

Saut de bas en haut.

Saut de côté, avec appui d'une main.

Saut avec appui des mains, à droite, à gauche, entre les bras, à l'écart en utilisant les divers agrès.

Saut de barrières, de haies.

Saut à la perche, en profondeur, en longueur, en hauteur.

6° Lancer.

A. — *Exercices éducatifs.*

Station demi-écartée, circumduction alternative des bras d'avant en arrière, d'arrière en avant.

Station demi-écartée, circumduction simultanée des bras d'avant en arrière, d'arrière en avant.

Station demi-écartée, rotation du tronc avec mouvement des bras.

Même mouvement en combinant rotation et flexion du tronc.

Passer de la fente avant à la fente arrière par flexion alternative sur chaque jambe avec flexion et extension du tronc.

Même mouvement avec mouvements de bras.

Geste de lancer la balle, la pierre, bras fléchi [1].

Geste de lancer la balle, la pierre, bras tendu [1].

Geste de lancer la balle par en bas [1].

Geste de lancer le poids [1].

Geste de lancer le poids avec changement de pied [1].

Geste de lancer le poids avec changement de pied et avec élan [1].

Geste de lancer le javelot [1].

Geste de lancer le javelot avec changement de pied [1].

Geste de lancer le javelot avec changement de pied et avec élan [1].

Geste de lancer le disque.

Geste de lancer le disque avec changement de pied [1].

Geste de lancer le disque avec changement de pied et avec élan [1].

B. *Applications.*

Jonglage à une ou deux balles, seul.

Jonglage deux à deux.

Jonglage seul, avec un poids, avec flexion de bras.

Jonglage seul, avec un poids, avec flexion des jambes.

Jonglage seul, avec un poids, avec flexion du tronc.

Mêmes mouvements en marchant.

Jonglage deux à deux avec un poids.

Lancer de balles ou de pierres (longueur, hauteur, précision).

Lancer de poids, de pierre, de ballon à deux mains, en avant, en arrière, de côté.

Lancer de ballon avec la main, avec le pied, avec la tête.

Passés de ballon, de pied ferme, en marchant, en courant.

Lancement du poids (5 kilogr. ou 7 kilogr. 250).

Lancement du javelot.

Lancement du disque.

Lancement du marteau.

7° Attaque et défense [2].

A. *Exercices éducatifs.*

Lutte d'épaules (répulsion).

Lutte de côté (répulsion).

---

(1) Ces gestes n'étant que des mouvements à vide, sont un reflet incomplet de l'acte réel; il y a lieu de ne pas en abuser.

(2) La description complète des mouvements de boxe, de lutte, de jiu-jitsu est donnée dans la troisième partie du projet de règlement : «Éducation physique supérieure, sportive et athlétique».

Lutte dos à dos (répulsion).
Lutte d'opposition deux à deux par les bras.
Prise de poignets (traction), dégagement.
Lutte de poignets (traction).
Prise des avant-bras (traction).
Pousser par derrière un camarade qui résiste.
L'un assis, l'autre couché, opposition à l'écartement et au rapprochement des jambes.
Boxe française (étude).
Boxe anglaise (étude).
Lutte gréco-romaine (étude).
Lutte libre (étude).

B. *Applications.*

Boxe de combat.
Lutte.
Jiu-jitsu.
Lutte à la corde (traction), deux à deux.
Lutte à la corde (traction), par équipes.

8° Petits jeux collectifs.

Première série.

1. La chandelle.
2. Frapper Guillaume.
3. Le chat et la souris.
4. Les coins (sur un pied).
5. Les coins (à pied liés).
6. Petits paquets.
7. Les mille-pattes (3 manières).
8. La poursuite à cloche-pied.
9. Chat malade.
10. Chat coupé.
11. Chat perché.
12. Epervier.
13. L'anguille.
14. Mère Garuche.
15. Pile ou face.
16. Course à trois jambes.
17. Course à deux sur deux jambes.
18. La navette (2 manières).
19. Le va-et-vient.
20. Relai.
21. Le loup et l'agneau.
22. Pigeon-vole.
23. Saute-mouton (3 manières).
24. Le coupe-jarret (2 manières).

Deuxième série.

25. La balle en posture.
26. Le croquet-ballon.
27. L'esquive-ballon (main, pied).
28. Le kangourou.
29. La chèvre.
30. La balle au pot.
31. La balle au terrain.
32. La balle cavalière.
33. La balle au mur.
34. Massacre.
35. La balle au chasseur.
36. La paume à main nue.
87. Le chat suspendu.
38. Courses au fardeau (2 manières).
39. Le trépied humain (sur les mains).
40. La quille humaine.
41. Les deux camps collectifs.
42. Les prisonniers.
43. Manchot maître chez lui.
44. Chandelles empoisonnées.
45. Le tournoi.
46. L'ours.

9° Retour au calme.

Marche lente avec exercices respiratoires.
Marche avec chants.
Marche au pas cadencé.
Évolutions.

10° Grands jeux.

Les barres.
Le drapeau.
La balle au camp.
La grande thèque.
Le hockey.
Le ballon militaire (mains).
Le ballon militaire (pieds).
Le volley ball.
Le basket-ball.
Étude du foot-ball rugby (passes, place des joueurs, tactique).
Étude du foot-ball association (dribling, place des joueurs, tactique).

XLIV. — Éducation physique secondaire.

EXEMPLES DE LEÇONS.

ÂGE : 13 A 16 ANS.

1ᵉʳ Degré.

Durée : 30 à 45 minutes.

PROGRAMME.

Assouplissements simples puis combinés.
Exercices éducatifs.
Applications simples.
Petits jeux collectifs.
Exercices respiratoires.

RÉGIME.

I. Mise en train.

II. Leçon proprement dite complète minimum : (1 exercice éducatif ou 1 application par famille ; 3 exercices éducatifs, 4 applications et 2 jeux collectifs).

III. Retour au calme.

LEÇON.

I. *Mise en train* : Marche normale.

Bras : Élévation avant des bras tendus et écartement en arrière.
Jambes : Élévation de la jambe tendue (dans les différents plans).

Tronc : Assis, flexion et extension du tronc.
Combiné : Élévation avant des bras tendus et écartement en arrière, avec fente alternative en rassemblant en avant.
Respiration : Avec élévation des bras fléchis.

II. *Leçon proprement dite* :

1° *Marche* (Application). En flexion du tronc.

2° *Grimper* (Exercice éducatif). Suspension allongée à 2 barres, élévation des genoux avec traction des bras. — Jeu : l'Épervier.
3° *Saut* (Application). Saut en longueur sans élan.

ÂGE : 16 A 18 ANS.

2ᵉ Degré.

Durée : 30 à 45 minutes.

PROGRAMME.

Assouplissements combinés.
Applications.
Petits jeux collectifs.
Initiation sportive.
Exercices respiratoires.

RÉGIME.

I. Mise en train.

II. Leçon proprement dite complète minimum : (1 application par famille et 2 jeux collectifs).

III. Retour au calme.

LEÇON.

I. *Mise en train* : Marche avec chant.

Bras et jambes : Élévation latérale des bras avec fente latérale alternative.
Jambes : Élévation sur la pointe des pieds, flexion et extension des jambes, genoux joints.
Tronc : Flexion et extension du tronc en marchant.

Respiration : Même exercice en respirant profondément.
Dissymétrie : Circumduction des bras en sens opposé.

II. *Leçon proprement dite* :

1° *Marche* (Application). Marche allongée, marche normale, marche allongée.
2° *Grimper* (Application). Grimper à 2 cordes sans l'aide des pieds. — Jeu du chat perché.

3° *Saut* (Application). Saut de barrière avec appui des mains.

4° *Lever, porter* (Exercice éducatif). Porter sur les avant-bras horizontaux un camarade en appui tendu.

5° *Course* (Application). Course de 50 mètres.

6° *Lancer* (Exercice éducatif). Geste de lancer les poids avec changement de pied, le même avec élan.

7° *Attaque et défense* (Application). Coup de pied chassé en ceinture en bas. — Clé au bras (Viens donc). Jeu : Le Kangourou.

III. *Retour au calme* : Marche lente avec exercices respiratoires. — Marche avec chant. — Marche normale.

4° *Lever, porter* : Mouvement : grande flexion du tronc puis extension complète (Application). Porter un camarade sur l'épaule, puis sous un bras (20 mètres).

5° *Course* (Application). Relais de 60 mètres. — Jeu : la balle aux chasseurs.

6° *Lancer* (Application.) Passer le ballon en marchant.

7° *Attaque et défense* : (Application). Direct du gauche, du droit, bloquage, riposte. Coup de pied bas.

III. *Retour au calme* : Marche avec battement de pied. — Marche lente avec exercices respiratoires. — Marche normale.

Observation importante. — Dans le courant de la leçon, l'élève exécute les exercices respiratoires chaque fois qu'il en a besoin.

NATATION.

Éducation sensorielle.

Grands jeux : 1 ou 2 séances par semaine.

NATATION.

Éducation sensorielle.

Grands jeux et jeux sportifs : 1 ou 2 séances par semaine.

XLV. — Certificats d'éducation physique primaire et secondaires.

TABLEAU DES ÉPREUVES.

GARÇONS.

Certificat primaire vers 13 ans.

1. Course : 50 mètres ; 9 secondes.
2. Saut en hauteur avec élan : 0 m. 90.
3. Saut en longueur avec élan : 3 m. 25.
4. Grimper : 4 mètres cordes jumelles bras et jambes.
5. Lancer (précision) : 6 + 6 balles à 10 mètres sur cible de 1 mètre carré.
6. Lever : porter 5 kilogr. sur la tête pendant 10 mètres et retour.
7. Équilibre (sur la poutre) : 5 secondes sur un pied.

Certificat secondaire 1er degré vers 16 ans.

1. Courses : 60 mètres, 9 secondes ; 800 mètres, 3 m. 30 sec.
2. Saut en hauteur avec élan : 1 m. 10
3. Saut en longueur avec élan : 4 mètres.
4. Grimper : 1 rétablissement 3 m. corde (bras seuls).
5. Lancer : 5 kgr. 6 mètres de la moins bonne main.
6. Lever : 35 kilogr. (barre à sphères) à deux mains.
7. Équilibre : assouplissement combiné.

Certificat secondaire 2e degré vers 18 ans.

1. Course : 100 mètres, 14 secondes ; 1,000 mètres, 3 m. 30 sec.
2. Saut en hauteur avec élan : 1 m. 25.
3. Saut en longueur avec élan : 4 m. 50.
4. Grimper : 3 rétablissements ; 4 m. 50 corde (bras seuls).
5. Lancer : 7 kilogr., 6 mètres de la moins bonne main.
6. Lever 40 kilogr. (barre à sphères) à 2 mains.

XLVI. — Petits jeux.

PREMIÈRE SÉRIE.

1. La chandelle (en position).

Les joueurs sont en cercle, sur un rang (formation serrée). L'un d'eux, porteur d'un petit objet, court autour du cercle, pose l'objet derrière un des joueurs et continue à courir.

Aussitôt que ce dernier s'en aperçoit, il saisit l'objet et cherche à attraper son camarade avant qu'il n'ait rejoint sa place.

S'il est pris, le premier coureur fait chandelle, sinon le second continue à courir autour du cercle, pose l'objet derrière un autre joueur et le jeu continue. Si le coureur arrive à faire un tour et à reprendre l'objet qu'il a posé derrière un camarade, sans que celui-ci s'en soit aperçu, ce dernier fait chandelle.

Note. — Faire chandelle consiste à se placer au milieu du cercle, dans une position indiquée par l'instructeur. Celui qui fait chandelle est remplacé chaque fois qu'un nouveau joueur est pris.

2. Frapper Guillaume.

Les joueurs se forment, en cercle sur un rang, se penchent en avant, et tiennent la main droite ouverte derrière le dos. Un joueur ayant à la main une ceinture ou un mouchoir roulé, court autour du cercle, à main droite (à main gauche).

Il place cet objet dans la main d'un des joueurs, qui a alors le droit de frapper son voisin de droite (gauche) pendant que celui-ci se sauve en tournant autour du cercle pour revenir à sa place.

Le nouveau possesseur de l'objet le place à son tour dans la main d'un autre joueur et le jeu continue.

3. Le chat et la souris.

Les joueurs en cercle sur un rang se tiennent par la main, les bras écartés. Celui qui est désigné comme «souris», tourne en dehors du cercle et frappe l'un des joueurs qui devient alors le «chat».

Celui-ci quitte son intervalle que ses deux voisins ferment en se rapprochant.

Le chat poursuit la souris à travers les intervalles où celle-ci a passé, et s'il l'attrape, devient souris; l'ancienne souris rentre dans le rang et la nouvelle choisit son chat.

Si après le nombre de tours fixé par les joueurs, le chat n'a pas pris la souris, il rentre à sa place et la souris en choisit un autre, comme elle l'a fait précédemment.

Observation. — Le nombre des joueurs ne doit pas dépasser 8 ou 10, de manière à faire courir tous les joueurs pendant la courte durée du jeu (de 3 à 5 minutes).

4. Les coins.

On trace d'abord sur le terrain un polygone régulier, de 4, 6 ou 8 côtés (les coins peuvent être déterminés par des raies sur le sol, arbres, vêtements, etc.). Le nombre des joueurs est égal à celui des coins plus un. Au signal donné, chaque joueur occupe un coin, sauf le dernier arrivé qui se place au centre du terrain de jeu pour remplir le rôle de pot.

Dès lors le «pot» observe attentivement les autres joueurs qui changent de place entre eux et passent d'un coin à un autre, soit à volonté, soit à un signal donné.

Le «pot» doit saisir une occasion favorable pour s'emparer d'une de ces places avant qu'elle ne soit occupée et lorsqu'il y a réussi, celui qu'il a dépouillé devient «pot» à son tour.

5. Le jeu se joue aussi sur un pied ou à pieds liés.

6. Les petits paquets (2 c'est assez, 3 c'est trop).

Un nombre pair de joueurs se place en 2 cercles concentriques par petits paquets de 2 à 3 mètres d'intervalle, le numéros 1 à l'intérieur. Deux joueurs, l'un appelé chasseur, l'autre appelé coureur, restent en dehors du cercle. Le chasseur cherche à attraper le coureur, celui-ci peut se placer devant un des petits paquets devenant ainsi numéro 1. L'ancien numéro 2 qui est alors de trop devient coureur. Si le coureur est attrapé, il devient à son tour chasseur.

7. Les mille pattes (3 manières).

Les joueurs sont placés en plusieurs colonnes, les talons joints, la pointe des pieds tournée en dehors et se tiennent par la taille.

Toutes les têtes de colonne sont à la même distance d'une ligne tracée sur le sol. Au signal de l'instructeur, les colonnes se mettent en marche et cherchent à atteindre la ligne de but.

Tous les joueurs d'une même colonne doivent marcher au pas et à la même cadence.

Note. — Les joueurs peuvent encore avancer les jambes écartées ou être disposés, les numéros impairs avec les jambes réunies, les numéros pairs avec les jambes écartées.

8. La poursuite (à cloche pied).

L'instructeur désigne le chat, ce dernier court après les joueurs et celui qu'il attrape devient son remplaçant.

Les joueurs doivent être toujours sur un pied.

(Former des petits groupes et limiter le jeu).

9. Le chat malade.

Variété de la poursuite simple. Le joueur qui a été pris doit poser une main sur la partie du corps où il a été touché et poursuivre ses camarades en gardant cette position.

10. Le chat coupé.

Le chat nomme un joueur à qui il donne 3 pas d'avance puis se met à sa poursuite. S'il le prend, ce dernier le remplace.

Si un joueur passe entre le chat et le poursuivi, le chat abandonne sa poursuite pour courir après celui qui vient de «couper» et cherche à le prendre.

11. Le chat perché.

Au cri de «le dernier perché l'est» que pousse l'un des joueurs, celui qui reste à terre devient chat. Chacun se perche comme il peut, les pieds ne doivent pas toucher le sol.

Les joueurs changent de perchoir au commandement de l'instructeur. C'est pendant cette opération que le chat cherche à attraper son remplaçant : tout joueur perché est inviolable.

Observation. — Former des groupes de 6 à 12 joueurs au maximum.

12. L'Épervier.

On trace un camp à chaque extrémité du terrain dont on dispose (30 à 40 mètres de long sur 15 à 20 mètres de large pour 12 à 24 joueurs).

Deux joueurs appelés «pêcheurs» se placent entre les deux rangs et cherchent à prendre ceux de leurs camarades qui passent d'un camp dans l'autre.

Quand les pêcheurs crient «au large», les poissons sortent du camp et doivent passer dans l'autre. S'ils sont touchés avant d'avoir gagné ce camp, ils forment une chaîne (ou épervier) dont les 2 pêcheurs occupent les extrémités, mais ces deux pêcheurs peuvent seuls prendre et ce, à condition que la chaîne ne soit pas rompue.

Le joueur qui est sorti d'un camp ne peut pas y rentrer, il doit gagner l'autre camp au risque de se faire prendre.

Les poissons peuvent forcer le filet en se jetant au milieu et en brisant une maille par la séparation de deux joueurs.

Les deux derniers joueurs pris deviennent pêcheurs dans la partie suivante.

Note. — Le jeu peut ne comporter qu'un seul pêcheur qui ne fait pas partie de l'épervier et prend les poissons à leur sortie.

13. L'Anguille.

L'instructeur trace sur le sol un cercle d'environ un mètre de rayon.

Un joueur, les yeux bandés, se place au centre. Tous les joueurs viennent à tour de rôle jeter dans le cercle leur mouchoir roulé en anguille, puis se placent un pied en avant sur la circonférence.

Lorsque chaque joueur a jeté son mouchoir, l'aveugle se baisse et saisit une des anguilles. Le joueur à qui appartient l'anguille saisie se sauve et doit aller toucher un but désigné d'avance et placé à environ 50 mètres. Chaque joueur prend son mouchoir et cherche à frapper le coureur avant qu'il ne soit arrivé au but.

Le coureur devient aveugle et le jeu continue.

14. La mère Garuche.

Le mot Garuche s'applique à un mouchoir roulé en anguille ; il convient de défendre de trop serrer le mouchoir ou d'y mettre des cailloux ou tout autre objet dur.

On limite d'abord la surface du jeu par un rectangle de 15 mètres sur 25 mètres pour 12 à 24 joueurs ; sur l'un des petits côtés, on trace extérieurement un camp (3 mètres environ) qui sera le refuge de la «Mère Garuche» et où aucun autre joueur ne doit pénétrer ; les joueurs se disséminent à leur fantaisie dans le grand rectangle.

Alors la mère Garuche (joueur désigné par l'instructeur crie : «La mère Garuche sort du camp» et aussitôt elle se met en chasse. Quand elle atteint un joueur de sa garuche, celui-ci devient un enfant de la mère Garuche et il doit regagner le camp à toute vitesse pour éviter les coups de garuche que les autres joueurs lui distribuent généreusement aux jambes et aux épaules seulement.

Ensuite la mère Garuche fait sa deuxième sortie accompagnée de son enfant, et, cette fois, tous deux se tiennent par la main ou par la garuche.

La chasse recommence et les joueurs, pour être pris, doivent être touchés par la mère. Celle-ci ne doit jamais se séparer de son enfant, sans quoi gare à la garuche.

Ainsi, la famille de la mère Garuche s'accroît suivant son adresse. Et chaque fois qu'elle prend un nouveau joueur, la chaîne se rompt et chaque enfant s'empresse de rentrer au camp pour éviter les coups de garuche.

La partie est finie lorsque tous les joueurs sont pris.

La mère Garuche a seule le droit de prendre avec la garuche ; les enfants peuvent arrêter un partenaire, mais celui-ci n'est prisonnier qu'après avoir été frappé par la mère.

Si les enfants se séparent accidentellement ou si la chaîne est rompue par les joueurs, les garuches sont repoussées dans leur camp sous les coups des joueurs.

Celui qui frappe à tort devient enfant.

Par suite de convention entre les joueurs, la mère Garuche peut être libérée quand elle a fait 4, 5 ou 6 prisonniers.

Le premier des enfants devient mère Garuche ; un nouveau prisonnier étant fait, la Garuche cède sa place au deuxième prisonnier et ainsi de suite jusqu'à la fin de la partie.

15. Pile ou face.

Les joueurs forment 2 camps : celui des «piles» et celui des «faces». On trace aux deux extrémités du terrain de jeu (30, 40, 50 mètres), un refuge pour chaque camp. Le directeur du jeu se place au milieu du terrain, les joueurs sur un rang, à droite et à gauche du directeur en se tournant le dos, et de façon que chaque camp se trouve du côté du refuge qui lui appartient.

Le directeur du jeu ayant convenu d'un côté «pile» et d'un côté «face», lance en l'air un carton plat, un palet, une pièce de monnaie, etc. Si l'objet tombe du côté «pile» il crie «pile»; si l'objet tombe du côté «face», il crie «face».

Au cri de «pile» tous ceux qui sont de ce camp se mettent à courir vers leur refuge, situé à une distance variable avec l'entraînement des joueurs (10 à 15 mètres au début). Les joueurs du camp opposé se retournent, poursuivent ceux du camp adverse et cherchent à les atteindre.

Quiconque est touché est ramené dans le camp de celui qui l'a fait prisonnier ou celui qui a été touché ramène son vainqueur en le portant.

Même manœuvre au cri de «face».

La partie est terminée quand tous les joueurs se trouvent dans un camp, mais dans la séance de gymnastique, l'instructeur fait cesser le jeu lorsqu'il en juge la durée suffisante. Dans ce cas, le côté gagnant est celui qui a le plus de prisonniers.

Les joueurs, au lieu de se tourner le dos au début de la partie, peuvent également se faire face, être à genoux ou couchés.

16. Course à trois jambes.

Cette course se fait par équipes de deux. Les coureurs placés côte à côte se tiennent par les épaules et ont les jambes intérieures se touchant et attachées à la hauteur de la cheville.

17. Course à deux sur deux jambes.

Comme dans la course précédente, les joueurs sont placés côte à côte, mais ils n'ont pas les jambes attachées. Ils se tiennent par le cou et saisissent par derrière, avec le bras extérieur, leur jambe intérieure fléchie.

18. La navette.

Les joueurs se divisent en plusieurs groupes égaux. Chaque groupe est lui-même divisé en deux fractions égales, numéros pairs d'un côté, numéros impairs de l'autre. Ces fractions se forment en colonne à une distance de 20, 30, 50 ou 60 mètres et se font face.

Toutes les colonnes se placent parallèlement, leurs têtes à la même hauteur de chaque côté, séparés par un intervalle de 4 ou 5 pas.

Au signal de l'instructeur, le numéro 1 de chaque fraction court le plus vite possible vers le numéro 2 de la fraction correspondante à qui il remet un objet ; le numéro 2 court aussitôt en sens inverse et va remettre l'objet au numéro 3 et ainsi de suite. Le groupe ayant épuisé, le premier, tous ses coureurs a gagné.

Navette au brassard.

Comme le précédent, mais au lieu de remettre un objet le numéro 1 part ayant un brassard ou un mouchoir noué au bras. Le numéro 2 doit défaire le brassard et aller l'attacher au bras du numéro 3 et ainsi de suite.

19. Le Va-et-Vient.

Les joueurs placés sur un rang ont déposé à leurs pieds 3 ou 4 objets. Sur l'indication de l'instructeur, ils tracent sur le sol, perpendiculairement à leur ligne de départ 3 ou 4 petits cercles espacés de 1, 2, 3 mètres, puis ils reviennent à leur ligne de départ.

Au signal de l'instructeur, chaque joueur prend un objet et va le porter dans le premier cercle, il revient chercher le second objet et le porte dans le second, il fait de même pour les 3e et 4e objets. Tous les objets étant placés dans les cercles, il part les reprendre un par un pour les reporter à la ligne de départ. Le premier qui a fini le transbordement a gagné.

20. Relai.

Mêmes règles que pour la course de relais avec passage d'un témoin, mais dans un espace limité.

21. Le loup et l'agneau.

Le loup, désigné par l'instructeur, est en dehors du rang. Des joueurs placés à la queue-leu-leu se tiennent solidement par les hanches, le premier est le gardien, le dernier est l'agneau.

Au signal donné par l'instructeur, le loup cherche à saisir l'agneau, mais le joueur de tête (gardien) et les suivants s'efforcent de l'en empêcher par des déplacements convenables.

Si le loup réussit à attraper l'agneau, il a partie gagnée.

Les trois joueurs (loup, gardien, agneau) qui viennent de fournir un effort plus violent que leurs camarades, se placent alors au milieu de la colonne de joueurs, et le jeu continue avec un autre loup, un autre gardien et un autre agneau.

Observations. — Le joueur de tête (gardien) ne doit pas

saisir le loup avec les mains, il peut écarter les bras. Ce jeu est très intense lorsqu'il est bien conduit, aussi sa durée doit être limitée (3 à 5 minutes).

Le loup doit être changé assez fréquemment, même s'il ne réussit pas à saisir l'agneau. Les joueurs doivent éviter de rompre la chaîne.

22. Pigeon-vole modifié.

C'est le pigeon-vole ordinaire, avec cette différence que chaque joueur au lieu de lever la main exécute une rapide flexion des jambes et reprend immédiatement la station droite, ou encore, saute en hauteur ou en longueur, soit sur place, soit au-dessus d'obstacles disposés à l'avance.

L'instructeur dit : quand je frapperai une fois dans mes mains tout le monde devra sauter, quand je frapperai deux fois, personne ne devra bouger, ou encore, quand je sifflerai une fois, tout le monde devra fléchir sur les jambes, etc...

Une pénalité est infligée suivant conventions à celui qui commet une erreur.

23. Le saute-mouton à la poursuite.

Les classes étant généralement disposées sur 2 ou plusieurs rangs, le jeu peut être pratiqué soit par files perpendiculairement au front, soit par rangs.

Les hommes de tête de colonne forment les premiers moutons à franchir, et prennent la position suivante : le dos courbé, les jambes un peu fléchies, les bras croisés et appuyés sur les genoux, la tête baissée. Le numéro 2 de chaque colonne franchit le mouton et se place dans la même position, à un pas d'intervalle, les numéros 3, 4 et 5, etc., opèrent de la même façon.

Observation. — L'intensité varie d'après la hauteur et l'intervalle des moutons, la vitesse et la durée du jeu. Pour augmenter la vitesse, le saute-mouton peut être pratiqué à l'émulation entre deux ou plusieurs rangs.

Enfin, si l'habileté des joueurs le permet, les moutons sont placés dans la position de « station avant », bras croisés devant la poitrine, le mouton tournant le dos aux sauteurs.

Dans tous les cas, pour éviter les coups, les moutons doivent baisser la tête le plus possible.

Saute-mouton au but, avant ou arrière.

Un joueur désigné se place comme mouton.

On trace sur le sol à l'aide d'une raie ou d'une ficelle, une limite en deçà ou au delà du mouton que les joueurs successivement doivent franchir sans toucher la limite indiquée.

Après chaque tour, le mouton s'écarte de la ligne de deux pieds de largeur.

Le mouton est remplacé par le joueur qui a touché la ligne ou encore, d'après les conventions, par celui qui a touché la tête du mouton.

Un joueur est désigné comme mouton.

Le premier joueur ou l'instructeur dirige le jeu, tous les joueurs sont tenus d'imiter la manière de sauter, de se recevoir, ou les gestes du premier.

Le mouton est remplacé par celui qui commet une infraction à cette règle.

24. Le coupe-jarrets en cercle.

Un joueur désigné, appelé trimeur, dispose d'une corde de 2 à 4 mètres de longueur et terminée à une extrémité par un sachet de terre ou de sable.

Les autres joueurs (en nombre très variable) sont placés en cercle sur un rang à un ou plusieurs pas d'intervalle et face à l'intérieur.

Le trimeur placé au centre du cercle, fait tourner la corde horizontalement à hauteur des jarrets des joueurs qui cherchent à éviter la corde par un saut en hauteur; tout joueur qui arrête la corde remplace le trimeur.

Le coupe-jarrets en colonne.

Les joueurs sont placés en plusieurs colonnes de nombre égal. Dans chaque colonne, deux joueurs se détachent et se placent en avant et de chaque côté du numéro 1.

Au signal de l'instructeur, ils courent le long de la colonne en tenant chacun par un bout une corde ou un bâton, que chaque joueur est tenu de sauter.

Un des coureurs reste en queue de colonne pendant que l'autre revient rapidement en tête et continue le jeu avec l'aide du numéro 1 de la colonne. Le jeu continue ainsi en remplaçant chaque fois un coureur.

La partie est gagnée par le groupe ayant fait passer le premier tous ses joueurs comme coureurs.

DEUXIÈME SÉRIE.

25. La balle en posture.

Les joueurs sont placés en cercle ou sur deux lignes se faisant face à quelques pas d'intervalle. Un joueur en possession d'une balle appelle un camarade à haute voix, et presque au même instant lui lance la balle. Si le joueur interpellé manque la balle, il est tenu de rester dans la position du geste accompli pour recevoir la balle.

26. Le croquet-ballon.

Les joueurs sont formés en cercle, jambes écartées, les mains sur les genoux. L'instructeur se place au centre et cherche à faire passer le ballon entre les jambes des joueurs. Si, par une feinte de l'instructeur, le joueur serre les jambes, il commet une faute, s'il laisse passer le ballon, il commet aussi une faute. Quand il a atteint un nombre de fautes fixé d'avance, une punition lui est infligée.

27. Le touche-ballon.

Les joueurs, formés en cercle, se font des passes avec un ballon. Un joueur placé au centre essaye de toucher le joueur en possession du ballon; s'il y réussit, il est remplacé par ce dernier. S'il touche le ballon à terre ou pendant son trajet dans l'espace, il est remplacé par le joueur qui, le dernier, a touché le ballon.

L'esquive-ballon.

Les joueurs sont formés en cercle, 3 ou 4 se placent à l'intérieur. Ceux qui forment le cercle essayent, en lançant le ballon, de toucher un de ceux de l'intérieur. Ceux qui sont touchés sortent du cercle; le dernier qui reste est le vainqueur.

28. Le Kangourou.

Variété de passe-ballon. Les joueurs sont en colonne. Le dernier joueur de la colonne en possession du ballon, rejoint la tête par petits bonds maintenant le ballon serré entre les genoux sans l'aide des mains.

29. La Chèvre.

Autre variété de passe-ballon. Le dernier joueur rejoint la tête de la colonne en marchant à quatre pattes et en poussant le ballon avec la tête.

30. La balle aux pots.

A défaut de trous creusés dans le sol, en nombre égal aux joueurs, ceux-ci sont remplacés par les casquettes renversées et groupées sur le sol. L'un des joueurs est désigné pour lancer la balle d'une limite marquée (10 mètres au maximum) dans l'un des pots.

S'il lance 3 fois la balle sans la placer, il met un cailloux dans son pot, et la balle passe au suivant. S'il place la balle, tous les joueurs s'enfuient, sauf le propriétaire du pot qui saisit la balle et essaie d'atteindre l'un des joueurs. Le joueur atteint «calé», met une pierre dans son pot et conserve la balle. Le joueur qui a trois pierres dans son pot est fusillé. Il se place au mur en présentant le dos, et le camarade désigné le fusille en lui lançant trois fois la balle sur le dos, d'une distance fixée. Des conventions, variées à l'infini, peuvent être adoptées dans ce jeu pour compliquer l'exercice du lancement et développer l'adresse des joueurs.

31. La balle au terrain.

Les joueurs (10 à 12) se divisent en 2 camps assez éloignés qui, au début de la partie, se font face au milieu du jeu.

Un joueur du camp désigné lance la balle dans la direction du camp adverse.

Un joueur de ce dernier camp, ramasse la balle et, de l'endroit où elle s'est arrêtée, la renvoie dans la direction du premier camp.

L'objectif est de toucher avec la balle, la limite du camp opposé ; pour y arriver il faut chercher à gagner du terrain à chaque jet.

On peut arrêter la balle avant qu'elle ait touché terre, mais sans la saisir et en frappant seulement avec la paume de la main.

Lorsque la balle a touché terre, on peut l'arrêter avec le pied ou la main, pour l'empêcher de gagner du terrain.

Observation. — La balle ne doit pas être portée par un joueur pendant plus de 2 pas.

32. La balle cavalière.

Les joueurs en nombre pair se divisent en deux camps, cavaliers et chevaux, et se placent sur un cercle dont le diamètre varie suivant le nombre des joueurs. Les cavaliers montent sur les chevaux. Un des cavaliers lance une balle 3 fois en l'air et la rattrape, puis l'envoie à son camarade qui la jette à son voisin.

Après avoir fait le tour du cercle, la balle est lancée par le premier à un autre cavalier choisi par lui.

Si la balle tombe à terre, les cavaliers descendent de cheval et s'enfuient : un des chevaux ramasse la balle et la lance sur l'un des cavaliers, sans sortir du cercle. Si le cavalier est atteint, les rôles changent, dans le cas contraire la partie continue.

33. La balle au mur (ou la pelote basque à main nue).

Sur un mur sans fenêtre, presque uni, on trace à environ 1 m. 50 du sol une ligne horizontale et, si le mur est trop large, on trace deux limites verticales de 4 à 5 mètres. On peut jouer à 2, 4, 6 ou 10.

A deux, l'un des joueurs sert la balle au dessus de la limite horizontale et entre les deux limites verticales.

L'autre joueur l'attend et la renvoie contre le mur, soit avant qu'elle ait touché le sol (coup de volée), soit après un premier bond.

Le premier, à son temps, agit de même et renvoie la balle à son adversaire. Tout l'art consiste à faire commettre des fautes à son adversaire et à éviter de s'en rendre coupable soi-même.

Les fautes consistent : 1° à manquer la balle; 2° à la manquer, soit de volée, soit après le premier bond : 3° à la renvoyer contre le mur en dehors des limites tracées. Si les joueurs sont plus de 2, ils se divisent en deux camps égaux et occupent tout le champ du jeu.

La partie se joue en 10 ou 20 points, chaque faute comptant un point. Pour augmenter la difficulté, les limites verticales sur le mur peuvent être prolongées sur le sol, perpendiculairement au mur.

34. Le massacre.

Les joueurs sont divisés en 2 camps, 1 camp représentant le jeu de massacre se place le long d'un mur. L'autre camp, celui des lanceurs, se place en face à une dizaine de mètres. Ces derniers qui possèdent 2 ou 3 balles essayent de toucher un joueur du camp adverse. Chaque lanceur a droit à 2 ou 3 lancés (conventions). Un lanceur qui ne touche pas un joueur du camp adverse est éliminé. Lorsque 5, 6 ou 7 joueurs sont éliminés (conventions), les camps changent.

35. La balle au chasseur.

Le nombre des joueurs est quelconque. L'un d'eux, désigné par le sort, est le chasseur. Il se place en un point qu'il choisit, puis pour permettre aux autres joueurs de se disperser, il lance la balle trois fois en l'air en la recevant chaque fois dans les mains. Il peut alors la lancer sur un camarade mais sans quitter sa place.

Tout joueur atteint devient le chien du chasseur et, comme ce dernier, il a le droit de prendre la balle et de la lancer de la place où il l'a ramassée.

La partie se termine quand tous les joueurs sont devenus chiens.

A la partie suivante, le rôle de chasseur est exercé par celui qui a été fait chien le premier; dans le cours de la partie, les joueurs qui n'ont pas été pris ont le droit de s'emparer de la balle et d'en frapper le chasseur ou les chiens, mais il leur est interdit, sous peine de devenir chien aussitôt, de la saisir d'abord avec la main; ils doivent la placer entre les 2 pieds, la faire sauter en sautant eux-mêmes, et la recevoir dans la main.

36. La paume à main nue.

(*Voir les règles dans les règlements sportifs en usage.*)

37. Le chat suspendu.

Les joueurs, au signal donné, s'élancent vers les arbres, les perches, les cordes, les arêtes de mur, etc... et se suspendent par les mains, les aisselles, sans l'aide des pieds. La suspension se fera aussi par les avant-bras, le long des poutres horizontales et des crêtes de mur.

(Mêmes règles que le chat perché).

38. Course au fardeau.

1re manière : Les joueurs sont placés sur 2 rangs à 20, 30 ou 40 mètres d'intervalle. Un rang est couché et fait le mort. L'autre rang, au signal de l'instructeur, va le plus vite possible chercher un camarade couché, le charge et revient à son point de départ.

2e manière : Les joueurs sont placés en plusieurs colonnes de 10 à 20 hommes. Le premier de chaque colonne se porte à 30, 40 ou 50 mètres de sa colonne, sur une ligne de but. Au signal de l'instructeur, il part chercher le numéro 2 de sa colonne et le ramène au départ. Le numéro 2 part aussitôt et va chercher le numéro 3. La course continue ainsi. La colonne qui a la première tous ses joueurs sur la ligne de but est gagnante.

39. Le trépied humain.

Les joueurs sont en cercle, sur un rang. Un des joueurs, le coureur, court en dehors du cercle. Au signal de l'instructeur, tous les joueurs se mettent en équilibre sur la tête et les deux mains. Le coureur tourne autour du cercle et essaie de toucher un joueur, lorsque celui-ci, pour se reposer, place les pieds à terre.

Le joueur pris devient coureur à son tour.

40. La quille humaine.

Un joueur désigné fait la quille humaine. Les autres joueurs (8 à 12) sont placés en cercle sur un rang, assis sur le sol face à l'intérieur, avec un intervalle inférieur à 50 centimètres (d'épaule à épaule). La quille debout au centre du cercle, les bras contre le corps, se raidit le plus possible, et se laisse tomber sur les joueurs qui cherchent à la repousser.

Quiconque se laisse renverser sur le sol, ou ne peut repousser la quille, remplace celle-ci au centre du cercle, et le jeu est repris dans les mêmes conditions.

Pour les leçons du premier degré, les joueurs sont à genoux, en cercle sur un rang, face à l'intérieur.

41. Les deux camps.

On trace sur le sol, une ligne de chaque côté de laquelle se rangent les joueurs divisés en deux camps égaux.

A un signal donné, les joueurs s'efforcent de s'attirer réciproquement dans leur camp, prennent ou non le parti de ceux qui les ont fait prisonniers.

Le jeu continue jusqu'à ce que tous les joueurs d'un camp aient été attirés dans le camp adverse.

Pour être prisonnier, il est nécessaire que le corps tout entier ait franchi la ligne tracée sur le sol. On peut également admettre qu'il suffit qu'une partie du pied ait dépassé cette ligne.

42. Les prisonniers.

Les joueurs sont au nombre d'une vingtaine environ. Les deux tiers forment un cercle en se tenant par la main, l'autre tiers des joueurs placés au centre, représentent les prisonniers et s'efforcent de sortir du cercle par tous les moyens. Les joueurs du cercle abaissent ou lèvent les bras, fléchissent les jambes, se rapprochent ou s'éloignent, pour former barrière.

Quand tous les prisonniers sont sortis du cercle, on désigne un nouveau tiers de joueurs, pour représenter les prisonniers, et la partie recommence.

43. Manchot est maître chez lui.

On trace sur le sol un cercle dont les dimensions sont en rapport avec le nombre des joueurs. Ceux-ci placés dans l'intérieur du cercle, cherchent à s'en chasser réciproquement en se poussant du dos, de l'épaule ou du bras. L'emploi des mains est interdit.

Le vainqueur de la partie est le joueur resté le dernier dans le cercle.

Il est bon de prescrire aux joueurs de mettre les mains dans les poches.

44. Les chandelles empoisonnées.

Les joueurs en cercle sur un rang, se tiennent par la main. A l'intérieur du cercle sont placées 4 ou 5 quilles. Par des tractions, chaque joueur essaie de faire renverser une des quilles par un camarade. Celui qui renverse une quille est éliminé. Le dernier resté est le vainqueur.

Note. — Les quilles peuvent être remplacées par un ou plusieurs petits cercles tracés sur le sol. Est éliminé celui qui met le pied dans un des cercles.

45. Le tournoi.

Le chef de la partie désigne les chevaux et les cavaliers. Les premiers choisissent les seconds. On se divise en 2 partis de même force, se faisant face à quelques pas.

Au signal du chef, les deux camps marchent à la rencontre l'un de l'autre au galop.

Arrivés au corps à corps, chaque cavalier essaie de désarçonner son adversaire en le heurtant le plus vigoureusement possible, mais sans l'emploi des mains; celui qui tombe est hors de combat. Le camp qui a le plus grand nombre de vaincus perd la partie.

Observation. — Ce jeu doit être pratiqué sur une pelouse ou sur du sable.

46. L'ours.

Le nombre des joueurs est d'environ une vingtaine. Deux d'entre eux sont les maîtres de camp. On procède d'abord à la formation des camps. Les maîtres de camp ayant tiré au sort, celui qui a l'avantage choisit un joueur, l'autre en prend un à son tour, et ils continuent à choisir leurs partenaires jusqu'à ce que tous les joueurs aient été partagés entre les deux camps.

Les deux troupes ayant été ainsi formées, on trace sur le sol, au moyen d'une ficelle, deux cercles concentriques, le rayon du grand cercle ayant toujours de 1 à 2 mètres de plus que celui du petit.

L'un des camps est composé des « ours » et l'autre des « sauteurs ».

Au commencement de la partie, ceux des joueurs choisis par le maître de camp que le sort n'a pas favorisé sont condamnés à être les ours. Ils se rangent dans le cercle intérieur, en courbant légèrement le dos et la tête et en entrelaçant leur bras autour du cou de leurs voisins de manière à présenter une sorte de plateforme sur laquelle s'élancent les joueurs du parti opposé : les sauteurs.

Le maître de camp ou gardien des ours se tient entre la première et la deuxième circonférence, les sauteurs au-delà de la grande circonférence.

Les sauteurs cherchent à se lancer sur le dos des ours sans être pris par le gardien ; ils n'ont rien à craindre tant qu'ils sont en dehors du grand cercle, ou bien sur le dos des ours. Ils peuvent descendre quand ils le jugent à propos pour sauter de nouveau, mais ils sont tenus de conserver la position dans laquelle ils se trouvent immédiatement après le saut sans pouvoir faire usage de leurs jambes, ni pour gêner les ours, ni pour se maintenir en position. Si l'un deux est saisi par le gardien des ours, « touchant terre » entre les deux cercles, soit en voulant sauter, soit en s'éloignant, soit en tombant à terre du dos des ours, la partie est perdue pour les sauteurs qui prennent alors la place des ours. Si, au contraire, le poids des sauteurs est trop considérable pour les forces des ours et que les sauteurs aient pu surprendre l'un des ours lâchant ses compagnons en fonçant, c'est-à-dire s'affaissant sous les poids des sauteurs, ceux-ci descendent et les ours continuent leur rôle jusqu'à ce qu'ils soient délivrés par la maladresse de l'un des sauteurs.

XLVII. — Grands jeux et jeux sportifs.

1. — LES BARRES.

Le terrain choisi est le plus uni possible afin que les joueurs ne soient pas exposés à faire une chute dangereuse en courant.

Les joueurs se partagent en deux groupes égaux et de

force aussi équivalente que possible. Les camps sont établis en face l'un de l'autre, à une distance de 50 à 100 mètres ; chacun d'eux est délimité par un rectangle tracé sur le sol. Entre les deux camps, à une dizaine de pas de la limite de chacun d'eux, est tracée la ligne de sauvegarde.

Le sort désigne le parti qui doit le premier demander « barres ».

Un joueur de ce parti (camp n° 1) s'avance lentement vers le camp opposé jusqu'à la ligne de sauvegarde et « demande barres » contre un des joueurs du camp opposé (camp n° 2).

Le joueur ainsi provoqué se porte vers le provocateur. Celui-ci porte deux légers coups dans la main de son adversaire, qui s'apprête à s'élancer dès que le troisième coup sera frappé.

Le joueur du camp n° 1, faisant semblant de frapper le troisième coup pour détourner l'attention de son adversaire, le touche enfin de la main et retourne à toute vitesse vers son camp, vivement poursuivi par le joueur du camp n° 2. (On peut supprimer cette formalité et s'élancer vers le premier coureur aussitôt qu'il a demandé barres).

Dans les deux cas, dès que la poursuite a commencé, un des coureurs du camp n° 1 se porte au secours de son camarade en cherchant à faire prisonnier le joueur du camp opposé sur lequel il a « barres ». Tout joueur qui sort de son camp pour courir sur un adversaire qui a déjà quitté le sien est dit *avoir barres* sur ce dernier.

Un second joueur du camp n° 2 sort à son tour, ayant barres sur le second joueur du camp n° 1, et la poursuite continue ainsi jusqu'à ce que tout le monde soit rentré dans son camp ou que l'un des joueurs ait été fait prisonnier.

Un coureur ne peut être fait prisonnier que par un adversaire qui a barres sur lui et qui le touche avec la main en criant : « Pris ». Tout le monde alors doit s'arrêter.

Le prisonnier se rend dans le camp ennemi, se place à trois pas de la ligne de camp, étend le bras vers les siens, attendant que l'un d'eux vienne le délivrer en le touchant de la main. S'il est fait plusieurs prisonniers, ceux-ci se tiennent par la main et se placent sur la même ligne en avant du premier. Un joueur qui touche la main d'un des prisonniers les délivre tous.

La partie cesse lorsque l'un des camps a éprouvé des pertes telles qu'il ne puisse plus espérer délivrer ses prisonniers.

Le camp est un asile inviolable ; non seulement celui qui y entre ne peut être « pris » dans son enceinte, mais il a le droit d'en sortir et de poursuivre à son tour ceux qui le poursuivaient d'abord. Si un joueur s'est trop avancé, on essaie de le « couper » dans sa course, c'est-à-dire de se mettre entre lui et le camp dont il est sorti ; alors on a barres sur tous ceux qui sont sortis depuis qu'on est sorti soi-même.

Un joueur peut, pour échapper à une poursuite, se réfugier dans le camp de ses adversaires, mais ces derniers ont le droit de le prendre dès qu'il sort.

Par les temps froids, l'immobilité prolongée des prisonniers après une course violente pourrait avoir des conséquences dangereuses pour la santé des joueurs. Il est préférable alors d'opérer comme il suit : les prisonniers sont rendus à leur camp, mais ils ne prennent plus part au jeu et la partie consiste à faire un certain nombre de prisonniers.

2. — LE DRAPEAU.

On trace sur le sol un rectangle limitant la surface du jeu (20 à 30 m. × 15 à 10 m.). Les joueurs (12 à 40) sont divisés en deux camps.

Le camp désigné par le sort a la garde du drapeau. Son chef fixe le drapeau à six ou huit pas en avant de son camp, choisit six défenseurs et les dispose de manière qu'ils puissent faire face de tous côtés aux assaillants.

Il laisse le reste de sa troupe en réserve dans son camp. Quant à lui il se tient constamment entre le camp et le drapeau, afin de pouvoir suivre l'opération et donner ses ordres en conséquence.

Le chef du camp des assaillants désigne un cavalier qui portera sur lui un signe distinctif bien apparent (brassard au bras droit, tenue différente des joueurs, etc.).

Ce cavalier doit protéger les assaillants et leur faciliter la prise du drapeau. Il peut prendre les défenseurs et ne peut être pris par eux, il est inviolable.

Les défenseurs, de leur côté, peuvent prendre les assaillants, tandis que ceux-ci ne doivent que se défendre et chercher, sans être pris, à s'emparer du drapeau.

Avant d'engager la partie, on désigne un troisième camp (sorte d'ambulance) où devront se réfugier ceux qui auront été faits prisonniers.

La cavalier touche alors la hampe du drapeau, puis il court après les défenseurs pour les éloigner.

Le chef du camp des assaillants arrive vivement avec une partie de sa troupe et, combinant son attaque avec la tactique du cavalier, fera en sorte que sa troupe enlève le drapeau et l'emporte dans son camp.

Les défenseurs ont à éviter d'être pris par le cavalier sans s'éloigner du drapeau et à faire prisonniers les assaillants à mesure que ceux-ci s'en rapprochent.

Le chef des défenseurs suit attentivement les phases du combat ; et dès qu'un défenseur est pris par le cavalier il le remplace ; il remplace également, et assez souvent, les autres défenseurs qui vont se reposer dans leur camp.

Les assaillants se relèvent de même et le cavalier est changé assez fréquemment.

Les assaillants gagnent s'ils réussissent à emporter le drapeau dans leur camp, sans que celui qui le tient soit pris, car dans ce cas, le drapeau est reporté de nouveau à sa place.

C'est là une occasion pour le chef du camp du drapeau de changer tous ses défenseurs.

Les défenseurs ont gagné la partie et le rôle des deux armées change, lorsque les assaillants ont perdu la moitié de leurs hommes.

Remarque. — Pour prendre, il suffit de toucher les adversaires avec la main.

Les assaillants peuvent se réfugier dans le camp des défenseurs et, tant qu'ils y restent, il ne peuvent être pris, mais aussitôt qu'ils le quittent, tous les défenseurs ont droit de les prendre. Les défenseurs dans ce cas, doivent surveiller attentivement les assaillants, car ce n'est souvent qu'une tactique de leur part. Les assaillants peuvent faire parvenir le drapeau dans leur camp en se le passant, mais ils ne doivent point le lancer.

3. — LA BALLE AU CAMP.

On trace sur le sol un rectangle (60 à 100 m. × 15 à 20 m.). On établit un camp A, puis 5 buts espacés de 12 à 20 mètres sur la lisière de l'emplacement de jeu.

Les joueurs (15 à 20) sont divisés en deux camps placés sous le commandement d'un chef.

Le parti désigné par le sort occupe le camp ; les membres de l'autre parti, les trimeurs se dispersent en dehors et se postent d'après les indications de leur chef. Un des trimeurs sert la balle, c'est-à-dire qu'il se place à cinq ou six pas devant le joueur qu'il désigne et lui lance la balle. Le joueur relance la balle de volée, puis sort du camp pour courir au premier but, puis au deuxième, etc. En effectuant son trajet, il doit suivre attentivement la balle et les mouvements de ses adversaires, car si la balle a été promptement ramassée et que lancée contre lui, elle vienne à le toucher pendant son parcours, son parti a perdu.

S'il est menacé de trop près par un des trimeurs qui a reçu la balle, au lieu de parcourir d'une seule traite tout le trajet, il a avantage à s'arrêter à l'un des buts ; il lève alors le bras, crie « but » et il est alors inviolable.

La balle est ensuite servie à un deuxième joueur du camp qui court vers le premier but, les deuxième et troisième etc., tandis que le premier joueur gagne les buts suivants jusqu'au dernier, si c'est possible. (Un but ne peut être occupé en même temps par deux joueurs ; les joueurs ne doivent pas se dépasser).

Tous les joueurs du camp courent ainsi leur chance, tant qu'aucun d'eux n'a été atteint pendant le trajet du camp à l'un des buts.

Les défenseurs du camp perdent la partie :

1° Si l'un des leurs est atteint par la balle pendant qu'il parcourt les buts ;

2° Si la balle qui a été servie est rattrapée à la volée par un des trimeurs ;

3° Si, courant d'un but à l'autre, il touche la balle avec la main quand elle est à sa portée, au lieu de la renvoyer avec le pied.

Dans le premier comme dans le troisième cas, les défenseurs du camp conservent le camp si un des leurs a pu toucher avec la balle l'un des trimeurs avant que ceux-ci aient regagné les limites du camp.

Remarque. — Les trimeurs n'ont pas le droit de caler s'ils ont fait plus de trois pas, ni de garder la balle en mains.

Le défenseur du camp à qui la balle est servie ne peut envoyer la balle au-delà des limites de la surface du jeu, ni derrière lui. Dans la pratique, il y a des ruses qu'il est bon de connaître. Ainsi le joueur du camp, au moment où il s'apprête à relancer la balle qui lui est servie, peut paraître se préparer à un grand effort ; dès lors, il voit ses adversaires s'écarter et s'éloigner ; aussi profite-t-il de la circonstance pour ne toucher que faiblement la balle qui reste près du camp. La ruse contraire est également bonne. De plus, s'il lance la balle sur son trajet, il peut pousser la balle, mais avec le pied seulement.

En règle générale, relancer la balle assez bas pour enlever aux trimeurs la chance de l'attraper à la volée.

4. — LA GRANDE THÈQUE.

Ce jeu est une variété de la balle au camp : même nombre de joueurs, même division en deux camps. Le matériel comprend six chevilles de bois, un bâton ou thèque de 0 m. 60 à 0 m. 80 et une balle de cuir ordinaire.

Au milieu du terrain de jeu (40 m. × 60 m. au maximum) on dessine un pentagone régulier de 6 à 10 mètres de côté. A chacun des angles, on plante une cheville marquant ce qu'on appelle les bases 1, 2, 3, 4, 5 ; l'intérieur du polygone s'appelle la chambre. Vers le milieu de cette chambre, une sixième cheville plantée en terre marque le poste. Le parti désigné par le sort occupe la chambre. Un des joueurs se place sur la thèque à la base 1 ; un autre se met au poste pour lui lancer la balle. Le premier a le droit de refuser deux fois la balle, mais s'il la manque ou la refuse une troisième fois, il sort. Dès que le batteur a frappé la balle, il lâche la thèque, court à la base voisine 2, la touche, puis s'il en a le temps, touche successivement les bases 3, 4, 5, pour revenir ensuite à sa chambre. (Il ne retourne pas à la base 1.) S'il réussit à faire cette ronde, son parti marque 5 points. Les trimeurs postés autour du pentagone se hâtent de saisir ou de ramasser la balle, soit de volée, soit après le bond et la lancent sur le batteur. Si celui-ci est menacé de trop près, au lieu de parcourir d'une seule traite tout le trajet, il s'arrête à l'une des bases, lève les bras et crie «But». A partir de ce moment seulement, il est inviolable jusqu'à ce que la balle soit servie à nouveau.

Un deuxième batteur opère ensuite de la même manière et pendant qu'il court vers les bases 1, 2, etc., le premier joueur gagne les bases suivantes jusqu'à la dernière si possible. On ne doit jamais être deux au même piquet, ni se dépasser. Tout joueur, touché par la balle pendant le parcours des bases sort aussitôt. Quand il ne reste plus que deux joueurs dans la chambre, l'un d'eux a le droit de demander «trois coups pour une ronde», c'est-à-dire que, après avoir frappé la balle, s'il arrive à faire le tour des piquets sans être touché, tout son camp rentre et recommence à tenir le bâton.

Tout batteur qui envoie la balle derrière lui sort du camp. Un camp entier sort lorsque tous les joueurs restants se trouvent aux piquets.

La thèque se joue habituellement en deux manches de 40 points avec une belle, s'il y a lieu.

5. LE HOCKEY.

(*Voir les règlements sportifs en usage.*)

6. LE BALLON MILITAIRE.

On limite la surface du jeu par un rectangle tracé sur le sol (100 m. × 50 m. environ), au milieu duquel on trace une ligne. Les joueurs (10 à 50), partagés en deux groupes égaux, se placent de chaque côté de la ligne du milieu.

Le but du jeu est de faire franchir au ballon par chaque camp la ligne de but placée près du camp adverse.

Chaque but marqué compte un point. Le camp gagnant est celui qui a le plus grand nombre de points à la fin de la partie.

Un arbitre met le ballon en jeu, fait les rentrées en touche et arrête le jeu lorsque les brutalités se produisent.

Il règle l'intensité du jeu en décidant :

Que le ballon sera joué avec les pieds et les mains ;
Que le ballon sera joué avec les pieds seulement ;
Que le ballon sera joué avec les mains seulement ;
Que le ballon ne devra pas être porté, etc.

Ce jeu est très intense. Un instructeur compétent arrive très bien à former peu à peu des joueurs d'association, en introduisant une règle nouvelle à chaque séance.

7. LE VOLLEY-BALL, LE BASKET-BALL, LE FOOT-BALL ASSOCIATION, LE FOOT-BALL RUGBY.

(*Voir les règles dans les règlements sportifs en usage.*)

TABLE DES MATIÈRES.

ÉDUCATION PHYSIQUE SECONDAIRE.

JEUNES GENS DE 13 A 18 ANS.

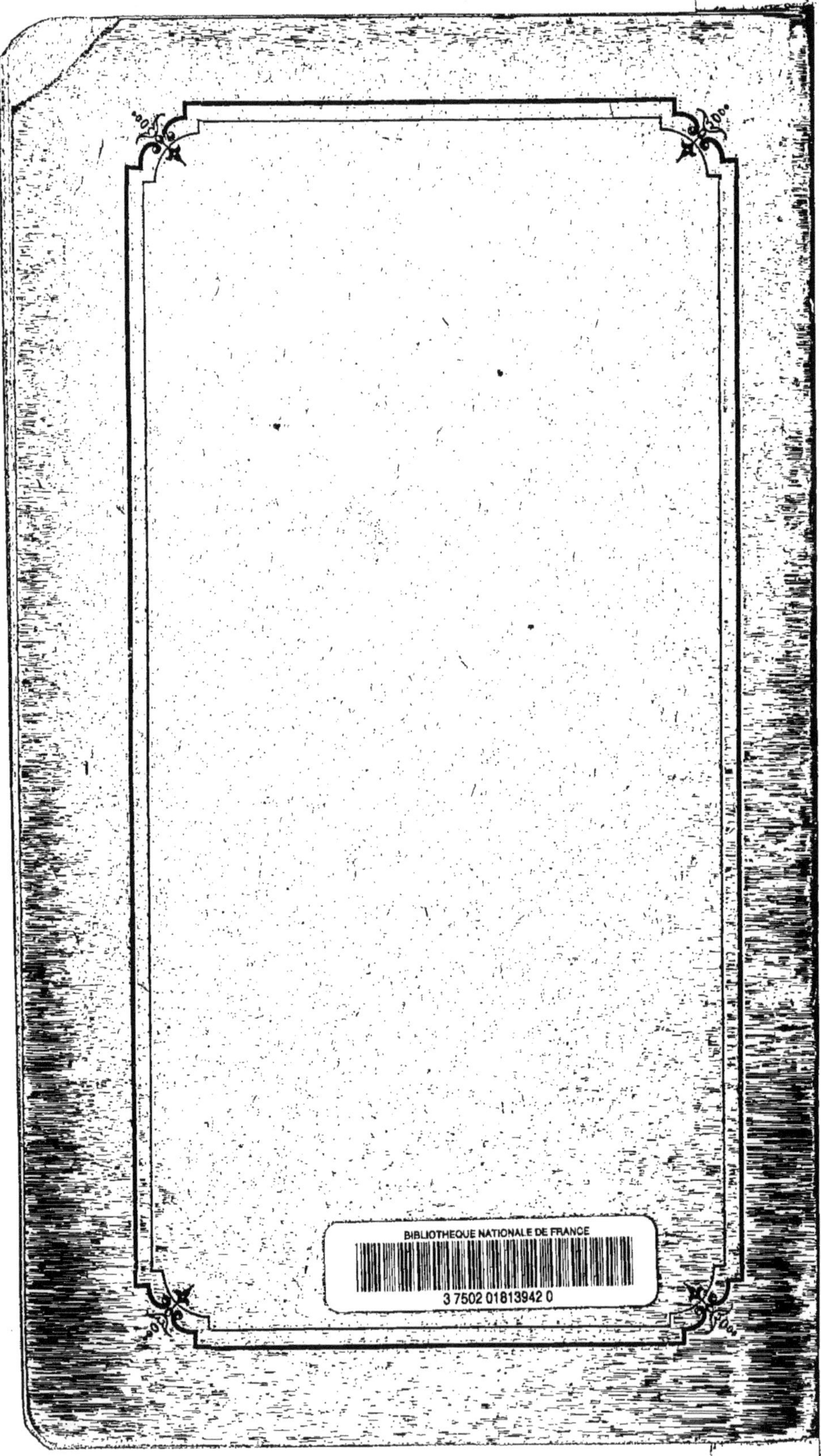
BIBLIOTHEQUE NATIONALE DE FRANCE
3 7502 01813942 0

www.ingramcontent.com/pod-product-compliance
Ingram Content Group UK Ltd.
Pitfield, Milton Keynes, MK11 3LW, UK
UKHW021501260726
13993UKWH00004B/1516

9 782329 209005